东山有雨

那朝庆 著

台海出版社

图书在版编目（CIP）数据

东山有雨 / 那朝庆著. — 北京：台海出版社，
2021.4

ISBN 978-7-5168-2961-5

Ⅰ.①东… Ⅱ.①那… Ⅲ.①散文集—中国—当代
Ⅳ.①I267

中国版本图书馆CIP数据核字(2021)第064570号

东山有雨

著　　者：那朝庆

出 版 人：蔡　旭　　　　　　　　封面设计：那朝庆
责任编辑：姚红梅

出版发行：台海出版社
地　　址：北京市东城区景山东街20号　　邮政编码：100009
电　　话：010—64041652（发行，邮购）
传　　真：010—84045799（总编室）
网　　址：www.taimeng.org.cn/thcbs/default.htm
E－m a i l：thcbs@126.com

经　　销：全国各地新华书店
印　　刷：河北盛世彩捷印刷有限公司
本书如有破损、缺页、装订错误，请与本社联系调换

开　　本：880毫米×1230毫米　　　1/32
字　　数：120千字　　　　　　　　印　　张：6.25
版　　次：2021年4月第1版　　　　印　　次：2021年4月第1次印刷
书　　号：ISBN 978-7-5168-2961-5

定　　价：45.00元

乡愁，在沉静中逆流成河

王海燕

　　朝庆是个安静低调谦和的人，在很多时候、很多场合言语不多，多的是温文尔雅、意味深长的微笑，而他的内心里却装着一片喧腾不息的江湖，装着草木万物，装着民间烟火，装着人世悲欢，装着一个男人执着而浪漫的梦想。"其实，愈是朴素单纯，愈有内在的芬芳。人也一样。"他在一篇作品中如是说。这可以印证他做人为文的秉持和格调。

　　他沉静地行走在土乡山水之间，苦苦求索，有时，像一株枝叶婆娑静听风雨的白桦，有时像一穗麦芒流金沉醉山野的青稞，在一方水土的淳朴厚实里汲取文化血脉，在一个民族风雨漫漶的记忆里打捞精神遗产，炮制一只属于自己的独到的酒盏，盛放心灵酿造的醉人风景……

　　基于对文学的钟情，他还创办了一份校园文学期刊《桦林》，倾注了很多心血。正如他在《桦林四季有我心底的爱恋》中所写——

　　桦林的春天总是蹒跚，春风里伴着雪花，雨雪分不清季节，冬天下雪，春天也下雪，而且下起来总是没完没了，不罢不休。于是房檐上、树枝上时而会挂上一缕冰凌，在阳光下晶莹地诉说荣耀。这大抵上是桦林特有的风景，有时绿绿的枝芽还会被冰凌包裹，把春天的绿透射在晨曦中，好一阵闪耀……

　　庚子夏，在一次有关文学的聚会中，朝庆对我悄声说，他的一本散文集正待付梓，要我为之作序。我虽心存惶然，但也难以推免，就应承下来。几日后，就收到他发来的电子文本。于是，晚间泡一杯浓茶，点一盏青灯，打开电脑，走进朝庆潜心经营的文字"桦林"，精神山野。鸟儿鸣啭，花草铺地，山溪流淌，时烟雨空蒙，时阳光如瀑……桦林里，处处是熟悉的风景和亲切的气味，使我流连忘返。

　　朝庆是生于斯、长于斯的一位土族汉子。这一方水土的气质以及一个由遥远北方辗转来到这里的古老民族的精神传承，都在滋养和影响着他的灵魂和情怀。在教书育人的繁忙工作之余，他的思维就走马于文字诗意的原野上，驰骋，流连，冥想，嘶鸣……

　　这本散文集子里十几万文字一句句、一行行叙说着作者追求生活和文学理想的心路历程，像一幅色彩繁复、针脚勾连的盘绣——太阳花，散射着平静却又鲜亮的生命光泽。土地一样沉厚朴实的心灵，青稞酒一样热烈冲动的情感，漫山遍野的庄稼一样多彩温和的色调，一同构成了这部作品大致的风貌。

　　深夜，在这座西部城市的高楼上品味这些文字的时候，我的心弦一次次被轻轻触动，产生自然的共鸣；心思一度飞回我曾谙熟和深恋着的那片土地，在艳阳高照的青稞地里穿行，在鸟雀啼鸣的桦林里穿行，在云遮雾绕的达坂山穿行，在酒香氤氲的小镇穿行，在彩袖飞舞的花儿里穿行……我的灵魂沐浴在一条乡音、乡风、乡韵、乡情汇聚的河流里，像远游的鱼儿游回熟悉的水域，心安理得，自由自在。

缘于熟悉，就相对敏锐，感觉易于唤醒，情思易于泛滥。那些熟悉的风物人情，如一株瓦蓝青稞，一朵金色菜花，一片飘零的秋叶或冬日的雪花，一阵风，一场雨，或布谷的一声浅唱、雄鸡的一声啼叫……都使人产生一种美好的眷恋和莫名的伤感。

朝庆的许多短章长幅的声音、气味和景象里都弥漫着一抹挥之不去的情愫，浓浓淡淡，撩人心扉，那就是所谓乡愁，对精神故乡的记忆及现代文明境遇中精神返乡的种种困惑。他写道："在苍茫山河间，每个人都能指出一个原点。这个原点就是故乡。"乡愁，是他散文写作的一个突出主题，在很多篇幅里都浸润着这种或深或浅的美丽的忧伤。正如江弱水在《诗的八堂课》中所言，乡愁是对逝去的美好事物的追忆，也是对时下个人难以应付的现实达成的妥协。它总是与过去、母亲、童年和自然等名词加以置换，是一种甜蜜的忧伤、高贵的痛苦。

朝庆生长于一处叫东山的山野乡间，后离乡生活在县城。在现代化的飞速进程中，地理上相隔不远的故乡在心理上相距越来越远，只留下一个虚幻模糊的背影。在《东山有雨》这篇笔调优美、意象隽永的作品中，却承载了一个离乡者悠长的思念和沉重的情感。东山有雨，像是一种凭吊，但更多的是一种祈愿。东山是他生命的原点，离开多远，都有一条隐形的线始终牵绊。因故，这个叫东山的地方，就成了他一生的牵扯和爱恋，永远难以绕过的乡愁。在记忆中，曾栽植在没有忧伤的坡上的青杨，如今也繁衍出了许多不一样的情绪。因为那曾经漫山遍野的青稞和小麦逐渐淡出了人们的视野，连吃一顿麦索儿也成了奢望，山坡上云一样飘动的牛羊也好像稀疏了，荒草淹过了膝盖……

在故乡，一些事物日渐消失，不可逆转，但乡土里生长繁衍的那种古老精神和希望永不破灭。在这篇作品的结尾，在故乡阳光一样的油菜花里，我看到，作者的审美境界又升华到一个新的尺度——

一朵花里，能看到宇宙的庄严，看到美，以及不屈的意志。即使暴风雨也奈何不了花朵竞相绽放。油菜花总是很艳，黄得耀眼，金灿灿、脆生生的。纯粹的黄，给大地浮想联翩……其实，愈是朴素单纯，愈有内在的芬芳。人也一样。

故乡的天空时而阳光白云，时而风雨雷电，而天空下的大地有时吉祥如意，有时哀伤叹息。那种无处不在的乡愁有时裹在早春桦树的冰凌里晶莹剔透，有时缠绕在炊烟里袅袅飘拂，有时在青稞酒香里氤氤氲氲，有时在割麦的镰刀刃上闪闪烁烁……那种诗意的乡愁伸手可触。

他对桦林情有独钟，说桦林四季里有他心底的爱恋。他热爱故乡的桦林犹如大自然的歌手普里什文爱着俄罗斯大森林一样，情真意切，刻骨铭心。桦林在他眼里，也像一面大自然的镜子，映照着人们的内心世界："桦林触手可及的秋色，像母亲唠唠叨叨的话语，点燃诗与岁月的乐章。"而黄昏的林子以外，"低头的青稞，悄悄寻找星光下的小路，回家的路亦梦亦歌。麦酒酿造的黄昏亦真亦幻。"桦林也收藏起了秋天的丰盈："八月里一些惯用的修辞，秋高气爽的咳嗽声，震落了一片片红叶，收获的是永恒的记忆。"

在他的笔下，一幅幅饱蘸复杂情感的故乡写意画精彩纷呈，呈现"所有的清瘦、丰富与饱满"，令人喜悦，令人忧伤，同时给人深沉的思考。这些由文字描摹、刻画、重现的画面，来自作者切身的生活感受和深刻的记忆，细节毕显，感情丰沛，所以格外逼真、细腻、生动、感人。他写青稞的精神，说青稞从远古走来，一直坚守生命的信念，坚守高原，"一粒青稞便是宇宙缩影的微粒，对应着所有看见的与看不见的万物之灵犀。这种灵犀，便是青稞固有的本质。"他写麦捆，"竖起的麦捆经不住自身的重量，又跌倒在地上，躺成一排，如熟睡的士兵。无论是站着、躺着，我觉得他们都是美的……"

在《小麦金黄》里，碧蓝的天空、金黄的麦田、兴奋的村庄以及勤劳慈祥的父亲交融在一个丰收的季节和金色的海洋里，父亲的草帽上闪着金光，汗滴里闪着金光……在他眼中，父亲成了这一幅金黄风景里的主角，成了他生命中金黄的小麦和温暖的阳光。这不啻是一首献给辛勤劳作的父亲的赞美诗——

在父亲慈祥的目光中，小麦最先腼腆地低下头，笨拙却温柔地轻轻摆动身子，把柔情悄悄地变成一股浪，淹没父亲，淹没田野，淹没村庄，甚至要把已经很蓝的天空再洗一洗……一瞬间，田野铺上了黄金。父亲的汗珠滴入泥土，缓缓进入根须，涌上茎秆、麦穗，整个田野在涌动，涌动起阵阵麦浪，淹没了整个山岗……

在这本集子里，乡愁这个主旋律贯穿始终，自然，还有几支复调的衬托，使整个旋律、音色、节奏、情调更加丰富多彩。有不少篇幅描写赞美故乡的原风景和民族风情，展现山水人文之美，同时流露出对自然生态和人文生态现状的忧患意识，警醒人们敬畏自然，保护自然，与自然和谐相处，看得见青山绿水，留得住乡愁；保护传承优秀的乡俗民风、道德礼仪，留住文化根脉。

希望这部作品能给读者带来对一方土地新的认知和新的审美

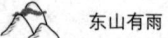

体验，并祝愿朝庆继续砥砺前行，蹚过更深的河流，攀登更险的高峰，吐故纳新，书写有关麦子、有关桦林、有关青稞酒、有关父亲和有关故乡的更精彩的故事。

　　是为序。

庚子夏月记于西宁

目 录

第五辑 时光流年

第一辑 梦的开端

东山有雨

1

东山有雨，回家的愿望特别强烈，二十多年了，依然如此。雨后，东山是苍翠的、清新的，家乡的味道愈发浓烈。

在那儿出生，童年的快乐就留在东山，儿时的玩伴还在不时呼喊着乳名，依然想去山上掏蜂巢。

其实，上学、读书、就业也是在东山，长不大的童年，成不了材的青年，都荡漾在东山的臂弯里。

东山很远。微风传来消息，说野草依然青翠，油菜花也有了动静。

坡上没有忧伤。早些时候，我种下的青杨，想必也衍生出很多的情绪。青稞和小麦也逐渐淡出了田野，麦索儿也将会是奢望。

唯有蝴蝶闲不经事，从不在乎雨后青云所表达的思想。好像羊群也少了许多，油菜花香里找不到我所熟悉的野蜂，荒草已没了膝盖。

水日渐枯萎，时光再次缓慢下来……

不知《诗经》里的句子，今夕要落入谁家。

2

眼看夏天就要逝去，还没盛装出行，窗外秋意阑珊。

足不出户是诗词里的寂寞。它们在泛黄的扉页里彼此鄙视，过后，又惺惺相惜，争相描述炎炎夏日。

花红柳绿，流光溢彩，雨后彩虹，淡妆浓抹，纸上季节，城市沦陷，英雄出场于异国他乡。

空山新雨后，姹紫嫣红时，焚香释怀，是多么牵强的事情。这个夏天，依然是个多雨的季节，多愁善感，在所难免。

然，故事深处，除了英雄凯旋，还有什么可以令时局万人空巷？

3

花开得很艳，弥漫了整个田野。花香随风飘散，招惹得工蜂不停劳作，这应是东山夏日特有的。花香四季，蜂飞万里，梦回唐朝。

一朵花里，能看到宇宙的庄严，看到美，以及不屈的意志。即使暴风雨也奈何不了花朵竞相绽放。

油菜花总是很艳，黄得耀眼，金灿灿，脆生生的。纯粹的黄，给大地浮想联翩，垂涎欲滴。其实，愈是朴素单纯，愈有内在的芬芳。人也一样。

体贴一朵黄色的、芬芳的油菜花，它的怒放，是为了盛产更多更好的花蜜和更浓更香的清油。

4

还是要相信世界，善莫大焉。善良与勤劳是生活的主题。相信爱情，相信月光照亮的信笺、河流、村庄，以及时光里的某一天、某一刻……

东山有雨，东山是一生的扯牵，离不开的家乡，绕不过的乡愁，一生的爱恋。且将情绪交给杯盏。一樽烈酒也好，一壶清茶也罢。思念是最美的情愫。

桦林四季有我心底的爱恋

桦林之春

桦林之春，似乎比往年来得早了一些，春风吹过，春雨浸过，梦寐已久的那一抹绿，就已经醒来了。柳枝上的芽苞透着新绿，展示着生命的萌动，吐出了稚嫩的绿芽。绿芽腼腆的笑靥，嫩黄中透着清新的绿，仿如出壳的小鸡，唇喙嫩黄嫩黄。

桦林的春天总是蹒跚，春风里伴着雪花，雨雪分不清季节，冬天下雪，春天也下雪，而且下起来总是没完没了，不罢不休。于是房檐上、树枝上，时而会挂上一缕冰凌，在阳光下晶莹地诉说荣耀。这大抵上是桦林特有的风景，有时绿绿的枝芽还会被冰凌包裹，把春天的绿透射在晨曦中，好一阵闪耀。

"春江水暖鸭先知"，最早感知桦林春色的是戴着红领巾的孩童，他们蹦跳着踩着一抹绿色的阳光进入学堂，抛下一路的春光，小草也知趣地跟着他们的脚印，冒出新芽。自此，一季的欢声笑语荡漾在山之巅、河之边。收获的希望播撒下一地的梦想。蓝天下的歌声向着远方飞翔。

总有一个声音在呼唤，在春风里等你，在春天里遇见你，在春雨里拥抱你。一抹绿色渲染的田野，被风吹过，被雨浸过。土地在苏醒，河流在苏醒，山谷在苏醒。桦林的春天真的来了。

春风共长天一色，时光与绿色齐飞。时不我待，桦林的明天依旧阳光灿烂。

碧波万顷

端午过后，在一片葱绿中，桦林之夏姗姗而来。温度也升了不少，林间微风习习，暖意洋洋。田野间蒲公英最先盛开了金黄的花朵，馒头花摇曳着在山坡吐出花蕊，马莲花争先恐后地在河谷、地头展出紫白的长长的花瓣，不知什么时候杜鹃花已红遍了桦林以北的山坡，金露梅银露梅也在争奇斗艳。桦林被鲜花装扮，分外妖娆。不期然，那天午后，一声惊雷过后，一场大雨就此轰轰烈烈、不罢不休地下了起来，干渴的田野酣畅淋漓地喝了个饱，草地、田间、树林像被洗刷过一样，翠色欲滴，碧波万顷，一泻千里。

盛夏就此渲染绿意盎然的桦林。墨绿、青绿，把一个夏天装扮得生机而有活力。守望的麦田，染黄的菜地，一大片一大片连缀在沃野，间或有一行行墨绿的土豆，也盛开白的、紫的四瓣的花朵来，田地仿如一个流金溢彩的调色板，任你勾勒。偶尔有一只飞鸟飞过，是云雀还是吉祥鸟，不得而知。这个季节，鸟儿也欢实起来，又会有一只只新生的小鸟在田野试飞。生命就是如此神奇，只要有阳光和雨露总会灿烂。好久不见麻雀了，该是躲到密林深处孕育小宝宝去了。麻雀的世界天真无邪，不该承担那么大的罪责，它只是想飞得更高些罢了。桦林的世界依然是丰富多彩的，除了天空大地以外，还有诗意的校园。回过头，不远处的山脉被绿色编织成一条绿带，仿佛是一块翡翠，碧绿而清澈。

校园小径终于静寂下来，不时会听到孩子们朗诵诗歌的童音，诗歌的魅力让山村小学校多了一分浪漫，寒门学子把理想的翅膀插在了云朵之上。因为诗歌，因为文学，桦林的每一个季节都烂漫起来，每一季都会多一分精彩。路旁浓淡各异的绿色植物，争相爬过围栏，或使劲挺直腰，或努力向上，迫不及待地尽情绽放。到处都是一幅幅流动的绿景，荡漾着盛夏的生机。一阵暴雨过后，绿色比先前多了一分坚挺。绿色，为桦林诗意的生活增添了一分温柔。田野里所有的植物都在竞相生长，绿色在夏日肆意豪放。是生命就会有颜色，小草的一抹翠绿，大树的一片葱绿，叶片的温和碧绿，还有一些藏在角落里的青绿。所有的绿，都来自生命的力量。苍劲的绿意，带给夏天无限活力和勃勃生机。

桦林所依托的生命绿洲，就在无垠的万顷碧波之中。碧波荡漾的田野赋予桦林浪漫与温柔，而校园文学的盛夏似乎也在到来。

桦林秋语

入秋以来，秋雨霏霏。没有想象中的秋高气爽，天高云淡。天空仿佛要把一年的积蓄全部倾泻下来，<u>丝丝缕缕</u>，连绵不绝。雨水快要撑破了地皮，连杨树也在缠绵的雨中低下了头，早早地把一季的绿叶成片地浸泡在雨水中溺死。没有泛起它骄傲了一生的金黄。这个秋天，注定没有斑斓。

午后，桦林的秋天乘着阳光而来，碧波荡漾的田野、翠色欲滴的山谷，还在沐浴阳光的温暖，不期然被一缕秋天的雨滴浸淫，露珠闪烁着淌过盛夏的浪漫，零零落落地被秋风打落。果然，没有离别，没有相拥，就在秋日的午后哀叹，激情与热烈被季节拽进了秋的缠绵。

落叶总是无情，没有黄透的叶子被打落在地，一时有些伤感，仿如感叹流年，时光易逝，人生易老，青春总会随着季节飘逝而去。眼望一地落叶，我深深感叹，我们还须直面秋的来临，不必老是怀着"秋风秋雨愁煞人"的怅然去叹息。其实，得感念古人，桦林之秋也是有诗意的。我们没有杜牧"停车坐爱枫林晚，霜叶红于二月花"的超然，但也要有苏东坡"扁舟一棹归何处，家在江南黄叶村"的自信。秋之桦林诵读情趣盎然的诗篇，不也是一番滋味在心头吗？

我喜欢在深秋的日子里，觅一处落叶覆盖的林间小径，缓缓地，在积叶上独自行走；悄悄地，倾听脚下枯叶发出的窸窣声响。我想，这就是落叶在轻轻细语，在向人们诉说精彩的生命历程吧？我也习惯坐在锦缎似的落叶当中，仰看色彩纷呈的秋叶在秋风中辞别枝头，一片、两片、三四片……悠悠然地，向着大地演绎着生命最后的华章。也许，这飘零的落叶，就是桦林最美的诗词、最动听的旋律。

深秋，桦林一地苍茫。

桦林芬芳

秋叶落尽的时候，桦林之冬是否如期而来，还在犹豫。其实，桦林的冬天似乎来得更早一些，繁花未尽，萧瑟遍地，从北到南，阳光一寸一寸短下去，黑土地也冒出一层一层的寒意，河边已结起了一缕缕冰凌，西风凛冽地刮起来了。立冬后，我一直盼望下雪，可是小雪、大雪，冬至都过了，雪还未来临，没有雪的日子有些寂寞，冬天总少了些什么。桦林似乎并不寂寞，林间总会有一些叫不上名的动物，一闪而过，那些留下来的鸟儿，也在林间自在地觅食。冬天并不是禁区，龙王山顶上，积雪晶莹透亮，白得耀眼，一峰连着一峰，突兀地彰显神奇与高大。

　　阳光依旧明媚，天空依旧高远，流云在瓦蓝的天空下尽情游荡，于是，盼望着，盼望着，五瓣的、七瓣的雪花能够落下。没有雪的日子，孩子们有点孤独，每个清晨，黄色的校车总会威风凛凛地停泊在路口，上学的路不再艰险，但上学路上的乐趣又少了一些。路上，似乎也没有了石子，不用脚去踢了，河水比往年又小了很多，漫过河滩的冰面少之又少，溜冰的快乐就此遗忘。一阵寒风袭来，桦林小学传出一阵阵书声，伴随着一声声童音，乡间熟悉的旋律萦绕在桦林的角角落落，田野，依旧充满希望。

　　雪花终于落了下来，无声无息，纷纷扬扬，钻入桦林的每一个空间，大地，一片洁白，一季的过去就此覆盖，白色的世界留下许多遐想，等待书写。孩子们一冬的企盼，得到宣泄，寻找雪花，踩下脚印，总是那么急切，虽然有风，虽然有雪，但有快乐装扮的日子不再寒冷。太阳升起的时候，树上梨花盛开，一树的白、一沟的白、一坡的白，组成一个粉妆玉砌的童话世界，白色主宰的天地，没有现实的浮躁，只有洁白的想象。

　　如此，总是在季节的轮换中默念时光的流失，不经意间，冬至已过，数九寒天留下对年的热烈渴求。年关将至，岁月蹉跎，桦林的春天又将来临，桦林依旧芬芳。

一地梦想

1

在桦林，春，总是那么妩媚。

雨水落下，龙王清泉欢快地流淌起来，在山涧发出一路的叮咚，哗哗地流过苏醒的山谷。滩涧的小草，几片娇嫩的叶，便露出了朦胧的微笑。

鸟儿飞过的天空更加空旷，瓦蓝瓦蓝。云一朵接着一朵，不时聚集在一起，抛下几点雨滴，夹杂着雪粒，似在诉说冬夜爱的往事。

于是，借一缕月色，摘一段温暖的话语，一字一句装点夜晚的妩媚。听见花开的声音划过天空，划过尘封的岁月，遁入天际。

悄悄地丢掉一些恨，放下惆怅，忘记烦恼，放弃忧愁，包容迷失的心，让未来充满爱，让春的脚步踏着节拍而来，铿锵有力。

从此，乡愁便与春天一起成长！

2

不需要比喻，桦林花红柳绿的早晨，氤氲着湟水的芬芳，阿姑的花儿沿着青翠的麦苗在田野荡漾，爱的种子已经发芽，这是季节描摹的写意画。

应该留下承诺，但一些话语还未出口，便已错过。

莺歌燕舞的风流，炊烟袅袅的守候，在桦林，属于夏日的浪漫就这样开始了。

鲜花盛开的五月，被阵阵清香侵袭。

多年前种下的玫瑰，开得正艳，醉了你，也醉了我，以至于爱的呼唤到来时，便已沉醉。

谁说与季节无关？

尘俗与繁华，不再被世人关注，人们只关注热情似火的爱恋。

梦想流淌在田野，郁郁葱葱。

3

一场雨，改变了一个季节，包括对一个人的思念。

天空，常常用泪水祭奠逝去的青春。

我却与达坂的红叶同醉。

桦林触手可及的秋色，像母亲唠唠叨叨的话语，点燃诗与岁月的乐章。

五彩斑斓的秋天洋溢着收获的喜悦。浓墨重彩的油画激荡着火热的情怀。

低头的青稞，悄悄在寻找星光下的小路，回家的路亦梦亦歌。麦酒酿造的黄昏亦真亦幻。

八月里一些惯用的修辞，秋高气爽的咳嗽声，震落了一片片红叶，收获的是永恒的记忆。

秋风起，跳跃的音符，按捺不住激动的心。成长的故事多了季节的回忆。

秋天收获的不仅仅是粮食，还有爱情。

4

大雪过后，桦林粉妆玉砌，天地苍茫。

用手轻轻推开季节的边缘，发现自己的身影，在情愫与浓浓的乡愁中战栗。

黄昏月色朦胧，龙王山神奇俊秀，爱恋亲吻了千年的岁月。那山间的小路藏着你想去的远方，藏着行走的故事。

清清楚楚地听见大地的心跳。走过风雨摇曳的岁月，漫长的人生旅途，白发爬满了鬓角。

用心感悟，发现桦林四季有某种少有的恬静。

离别就在你带来飞雪的午后。

可你什么也不说，就那样默默地，扔给我一地的梦想。

第二辑 记述乡愁

有诗有酒的威远小镇

1

　　小镇不大，方圆不足十里。鼓楼是坐标，也是小镇人赖以自豪的文化象征，自明时起就耸立在小镇，历经数百年，把历史的沧桑和文化的厚重浸染于一体，钟是晨起的桑烟，鼓是日落的夕阳。风铃自明清一路飘来，把马背的动荡终归于田野的宁静，由牧而耕，生活平静自然。小镇几番沉浮，洗尽铅华，随时光流逝独居一隅，成历史与地理的坐标，和小镇的人们共进退。

　　冬去春来，寒来暑往。小镇经风历雨，四季各不相同。春时春雪与报春花争相绽放，白雪掩映着艳丽的花朵，分不清到底是雪的白还是黄的花更靓丽，只是明白高原小镇的春天总会姗姗来迟。夏时杨柳依依，田野一片清脆，花红柳绿，郁郁葱葱，草木茂盛，小镇氤氲在流金溢彩的世界，展示高原小镇最美的时节。秋时天空瓦蓝瓦蓝，秋高气爽，白云朵朵，百灵鸟、布谷鸟各类鸟雀在田野欢叫，熟透了的田野蔬果飘香色彩斑斓，此时青稞也盛着饱满的籽粒垂下了头，金灿灿、亮晶晶地展露一季的荣光。冬时小镇银装素裹，虽则冰天雪地倒也不失一番纯洁之美，就如小镇人纯洁的心灵一样，满是慈爱和淳朴。

2

　　小镇最惬意的季节是夏秋两季,虽短暂,但足以让小镇的人们快活一整年。纳顿节、旅游节、青稞酒节、花儿艺术节纷至沓来,应接不暇。小镇西端有青稞酒广场,东面有吐谷浑广场,两端各有侧重,各种活动此起彼伏,"你方唱罢我登台",有打酒擂台的,也有唱花儿擂台的,小镇的人们享受着诗意的生活,乐此不疲。

3

　　来到威远镇,空气中到处弥漫着青稞酒香。小镇是十足的酒乡,有"醉美互助"之称,这个"醉"就是让你酒醉心也醉。小镇人能喝善饮是出了名的,"互助的麻雀也能喝二两",互助人常以此骄傲自豪,调侃来小镇的外乡人。民间有个笑话,西宁的麻雀和互助的麻雀恋爱了,亲了个嘴结果一下就醉倒了。据说威远镇是世界上喝酒最厉害的城市之一,第一是莫斯科,小镇太小了没法和莫斯科这样的大城市相比,如果小镇再大些,估计喝酒第一的桂冠非威远镇莫属。曾有坊间传言,威远烧酒出了名,出口远销到俄罗斯,让俄罗斯人喜欢得不得了,风头一度盖过了白兰地。这些都有些笑话的成分在里面,但小镇人好客、厚道、豪放是实实在在的。这不,2019年夏,互助人就创造了最多人挽臂链式交杯喝酒的吉尼斯世界纪录,当时有1000多人同时挽着臂杯碰杯喝干了杯中的青稞酒,颇为壮观,也突出体现了小镇浓郁的酒文化特征。

4

　　小镇生产的天佑德系列酒享誉海内外。天佑德已成了青稞酒及威远镇的代名词，说起小镇人们首先想到的是天佑德。早先位于威远西街的互助酒厂就是名满天下的天佑德作坊，内有威远古井，常年喷涌着甘甜的清泉，也是曾经的互助头曲及天佑德青稞酒得以成名的重要保证。在发展工业的倡议下曾有好事者将古作坊搬到了省城西宁，一样的工艺、一样的原料、一样的烧酒师，但无论如何也生产不出和互助酒厂一样清香的酒来，只好作罢。说明天佑德只能产于威远小镇，这里的山，这里的水，这里的青稞，这里的人，还有这里的天气是天佑德系列酒醇香千里的保证。自古佳境出美酒。威远小镇地处祁连山东段南麓一块山峦环抱、地势平坦、地肥水美的三角洲，祁连山湿润洁净的空气为这里带来充沛的云雨和清新的甘露，高原特有的灿烂阳光又使这里冬无严寒，夏无酷暑。一年四季凉爽宜人，宜于万物生长。这里群山环抱，林区密布，泉清水美，湿润洁净的空气等得天独厚的自然环境及其周围所形成的特殊微生物圈，造就了酿酒所必需的一切优越条件。如此看来，天佑德是地地道道的土乡青稞美酒了，"醉美土乡"的美称非威远小镇莫属。

　　关于青稞酒，还有与小镇息息相关的一个传说。在上古时代，中华民族之母——西王母在西界昆仑山宴请周穆王时，特派她的坐骑大青鸟到东海蓬莱仙岛采集美食。回归时，不慎将一仙物从口中掉出，落在龙王山下，只见那仙物落地生根，瞬间长出一片片绿油油的麦田，年复一年，皆获丰收，养育了一代代高原儿女。因归功于大青鸟，人们便称之为"青稞"。云游四海的八仙赴西王母蟠桃宴归来，被龙王山下那碧波荡漾的青稞海洋所吸引，遂下界云游，行至威远堡口渴难耐，见镇内古井旁有一老妪正冒着炎炎烈日设摊施茶，八仙遂扮作乞丐上前讨茶。老妪便施茶于众仙，口干舌燥的八仙接过茶一尝，只觉此茶清洌甘甜，爽口至极。至井口一看，发现此水直通龙王山的黑龙泉，乃是一股神水。为报答老妪的施茶之恩，铁拐李打开宝葫芦，将西王母送他的瑶池仙酿倒入井内，并告诉老妪："取此井水酿酒，可名扬四海，富甲天下。"言毕，化作一股清风而去。老妪不信，打出井水一尝，果然清香馥郁，沁人心脾，于是便在古井旁建起烧酒坊，酿起青稞酒来，至此延续百年，名扬天下，经久不衰。为感谢上天护佑之德，作坊被人们尊称为"天佑德"。真可谓"龙王仙丹育青稞，王母玉液酿美酒"。

5

小镇因酒而名，自有独特的酒文化，饮酒助兴、借酒达意已深植每个人心中。小镇也是西北边陲民族地区，有着土、汉、藏、回族、蒙古族等十八个民族的人民，各民族人民和睦共处，共同培育了小镇人好客、善饮、能歌善舞的民族特征，青海花儿一唱就是几百年，唱出了远古的沧桑，唱出了阿哥的心头肉。改革开放后，小镇人的日子好了，高原儿女孕育了百年的激情终于在青稞酒的滋润下长上了翅膀，向着山外的世界喷薄欲出。天佑德酒香已溢向北京、上海、广州等发达城市，小镇已不再是小镇，小镇已走向时代的浪尖。近年，借力文化大发展之需，小镇的文化产业和青稞酒产业方兴未艾，丝路花儿艺术节、昌耀诗歌节、纳顿节、青稞酒节各项活动引领人们饱食文化大餐，小镇人的日子有诗、有酒，亦有歌。末了，在酒香氤氲的日子里，用一首小诗结束今天的话题。

青稞熟了

午后，我漫步在南门峡一塄一塄的青稞地边

满地的青稞一片金黄

麦芒泛着金光

青稞穗穗仿佛约好了似的都低下了头

向往着大地

这个季节黄色成了咏叹调

太阳也总是毫不吝啬地把光芒洒满田野

这个时候村庄不再寂寞

田野不再孤单

南门峡的沟沟岔岔都在争相传递

青稞熟了的消息

此刻，我描摹了一夏的信笺可以投出去了

把孤独的思念抛在脑后

向你诉说田野熟了

你所牵挂的青稞熟了的消息

如果还能飞鸽传书

就把你那遥远的乡愁回复给我

让我一同把关于青稞的乡愁与思念传给更多的使者

青稞氤氲的乡愁

自走进校门那天起，故乡离我越来越远，到终被遗忘。在家乡人眼中我已不再是故乡的一粒青稞了。青稞的故事已抛下我，又在孕育一季新的收获……

我的故乡在祁连余脉的群山里，属于高海拔浅脑山山区，早先大量种植青稞、小油菜，青稞是活命的作物，是一代人抹不去的记忆。

背着干粮上学，是学生们骄傲的记忆。每走进教室，学生们的背包里总会拿出各式面做的馍，更多的是青稞面干粮。咬一口干粮，喝一口冷水，一天的日子就打发过去了，谁也不觉得苦，还常常背着背包在田野里打闹忘了回家。我对青稞的认知是在上学以后，植物课上老师对这一禾本科谷类作物的生长习性、特性等进行了详细讲述，当时并不甚理解，认为，它长在田间没有什么特别的，芒还特别刺人。后来方知，在高原，它是生活的依靠。

1

基于理念，对于青稞的认知各不相同。我的概念中，一个民族从马背的动荡回归田野的宁静，青稞是他们赖以生存的保证，是游牧生活方式向农耕生活方式转变的产物。阳光、雨露、土壤构成的生命要素在高原得以体现，平静的生活需要可靠的生活来源，青稞成了不二选择，这是生存的需要。于是青稞与高原人的血脉连在一起，在历史的泱泱长河中，青稞成了与生命一样至高无上的存在。

有必要恶补一些关于青稞的知识。青稞，在藏语中称为"乃"，是大麦的一种。早在西周以前就有栽培大麦的史证，以六棱大麦为主。高原人经过选择、驯化和栽培，把野生普通大麦培育成了青稞，并成为当地人民主要的粮食作物。据科学考证，青藏高原是世界上最早栽培青稞的地区。青稞低调、顽强，对寒冷和贫瘠适应性强，多生长在相对海拔3000米以上的区域。这里往往是半农、半林、半牧的结合地带，这里可能是平川谷地，也可能是林连草、草连地，森林、草原、青稞交相辉映，遥遥映照着皑皑雪峰。我的家乡就在这样山体的褶皱里，出了门是山，山后面是经年的雪峰，应该感谢雪峰，使我无论走多远都能记起故乡的模样。

离开久了，对家乡的概念似乎有些模糊，但我明白，多少年来青稞一直坚守着自己的生存信念，坚守在高原，不屈不挠地构筑起高原生命的意义。这种信念，从千古走来，翻过山岭，奔驰原野，穿梭岁月和心灵，至今盛开在生命崛起的道场，一粒青稞便是宇宙缩影的微粒，对应着所有看见的与看不见的万物之灵犀。这种灵犀，便是青稞固有的本质。

2

能给别人留下深刻印象的自然是青稞糌粑。糌粑像炒面，但又不是炒面，是炒熟的青稞磨制而成。糌粑为藏语音译，意为

"炒面"。在中秋、端午、春节等重要节日及家庭红白喜事中，青稞糌粑是一道必不可少的佳肴，是高原人独有的美食。青稞糌粑献给最尊贵的客人，这是每一个高原儿女都必须懂得的待客礼仪。把颗粒饱满的青稞籽粒炒熟，用手推小石磨磨上，磨出的青稞面既要有青稞颗粒又要有细腻的面粉，粗细搭配刚刚好，再用滚烫的茯茶配之以酥油拌成糌粑，每个人都会认为这是最高礼仪。青海糌粑已融入民族日常的生活中，成为生活不可或缺的一部分。

或许，青稞糌粑的盛兴与辽阔草原农作物缺稀、农作物不宜生长、生存环境不易有关，但青稞固然以独有魅力，与天地融合般填补了高原人生活的稀缺，使之成为人和自然和谐共生的产物，蓝天、草原、雪山，交相辉映的牛羊，还有那隐隐约约、若隐若现，在心灵又在山峦的歌声，青稞以糌粑的形态，就如母亲缝制的棉袄，时刻温暖在心头。只是这些年，随着气候变暖，青稞种植一再往高海拔迁徙，曾经一地青稞的故乡，青稞反而成了奢侈品，青稞糌粑成了招待客人的珍品，平时想吃糌粑成了奢望。但是对青稞糌粑的感情、记忆却永远挥之不去。

3

有了青稞，自然就有了青稞酒。这是高原人豪放性格的直接表现。大碗喝酒，大块吃肉，方显民族本色。用青稞酿酒，借以温暖寒冷的生活，酒就是生活的乐子。青稞酒酿出了生活的酸甜苦辣。再苦的生活也有甜的时候。青稞佳酿就是他们对生活最好的回报。

一粒青稞，一粒青稞酿就的青稞酒，当之无愧成为地方文化的血脉，铭刻在人们心中。童年的我，每逢节日总会被酒香吸引，禁不住诱惑，会偷偷伸出小手，舔一舔飘香的青稞酒。虽然辛辣，但也有和大人一样的陶醉。童年的意识中总有个模模糊糊的认识，酒啊，喝的并不是甘甜，而是辛辣。如今，亲朋相聚都会相约喝上一杯青稞酒，一杯酒蕴含着亲情、友情、乡情，还有对故乡的依恋和对过去岁月的依托。

4

在高原，生命总是以昂扬的姿态存在，就如雄鹰一样。每一个生命个体都极为珍贵。青稞在高原的生命通道上，以糌粑的形态，以便餐的方式，强劲着生命前行的力量。青稞赋予生命的这种力量，形成了高原生态最大的生命群体。这一生命群体，犹如一粒饱满的青稞，落地、生根、开花、结果……汇成了长江、黄河，澎湃成了生命繁衍的根系，生命由此变得更加伟大。

虽然对于青稞的记忆是与生活相关的细节，但也由此多了乡愁记忆。离家久了，最重的思念便是青稞氤氲的乡愁。多少年来，虽然离家已很久、很远，但萦绕在心头的仍然是家乡的山山水水，梦里我仍然在青海高原，在湟水谷地，在青草与花丛间行走，阳光照在身上，像一群色彩斑斓的蝴蝶，栖落于树枝之上，那些不曾远去的生活场景一一再现。群山巍峨，泥土辽阔，我相信独立苍穹的雄鹰，以及每一朵白云、每一棵青草、每一株青稞，都是它们恭顺的子女。在青海，这日常的生活，这日月一般成熟与生长的细节，让我月光洗净的面颊，泪水纵横。

　　如果说生活带给我什么，我会说我像一只鹰隼，独守苍凉；像一朵野花，涂抹乡愁；像最后一个牧人，饮下落日和美酒，用冗长的鞭子画出生命的火焰。

　　这样的夜晚，我会用青稞饱满的籽粒装填并不充实的过去，用诗意的青稞酝酿氤氲的记忆。

玉树，那么远又那么近

邂逅玉树，缘于2015年9月的一次支教活动。2010年4月14日的大地震让曾经神奇秀美的玉树瞬间满目疮痍，美丽的三江源一时成了悲怆之地。那一刻残垣四处，瓦砾成堆，强震撕裂了玉树的美丽与安宁。

家园没了，校园也没了，惊恐的双眼满是无助。为了让玉树的孩子不因地震而停课，省教育厅组织开展支教活动，在新校园没有建成时，分年级分班级组织玉树的学生到外地安置上学，玉树称多六个年级300多名学生被分配安置到千里之外的互助县威远镇中学、互助民中、互助四中、互助六中等各学校上课学习，虽然地震使他们失去了家园，失去了校园，有的甚至失去了亲人，但他们没有失去课堂。那时我是互助六中的一名教师，虽然没有亲自为玉树的孩子们上课，但看到远离家乡、远离亲人的藏族小同学在千里之外的校园重返课堂由衷为他们感到高兴，心中也在默默为他们祝福，祝愿他们在我们的学校能够医治心灵创伤，能够学有所成。自此，我与玉树这个吉祥而又神奇的地方结了缘，直到2015年9月，我第一次踏上这片土地开始我的支教生活。

玉树位于青海省西南青藏高原腹地的三江源头，素有"江河之源""名山之宗""牦牛之地""歌舞之乡""唐蕃古道""中华水塔"的美誉。藏语中"玉树"是"遗址"的意思，由于玉树平均海拔达到4400米，除了高寒植物以外，其他植物非常稀少，树木成活率非常低，所以也有"树贵如玉"的说法。玉树属高原寒带气候，气候寒冷，年均气温只有2.9℃，昼夜温差大，是一个以牧为主、农牧结合的半农半牧地区。2014年，各地援建结束以后，玉树凤凰涅槃，新家园、新校园奇迹般地重新耸立在了高原大地，为促进玉树地区教育发展，省教育厅在前期教育援助的基础上，开始实施东部农业区对口青南玉树支教计划，互助县对口支援玉树称多。当学校发布玉树支教教师报名通知后，我自愿报名参加对玉树的支教计划。2015年9月我离开互助，踏上这片雪域高原净土开始了一年的支教生活。

虽然同在青藏高原，但我从未到过玉树，玉树和互助两地相隔1000多公里，从地理位置上来说是那么遥远。我曾多次向往圣洁的三江源，文成公主凄美的故事也深深吸引着我，但咫尺天涯，终未能亲自领略这片播撒着格萨尔王故事的地方，但支教之路从个人意义上来说，让我实现了踏上雪域净土的梦想。

是年8月30日，县教育局局长殷万贵亲自送我们支教的20名教师远赴玉树开启新学期的教学生活。我们20名教师来自全县19个乡镇，有小学教师也有初中教师，任不同的科目，大部分老师都是自愿报名参加的，也有几名教师是根据任教科目的需要由学校安排的。对千里之外的支教工作，虽然各有想法，但踏上行程，大家还是对新的环境、未来一年的生活充满了期待。我们早上7时由教育局一名工作人员带队从互助乘坐大巴出发，殷局长先行出发，提前对接相关工作。8月的青海是一年中最美的时节，翻过日月山，从青海湖边一路前行，来到共和塔拉滩草原，一望无际的大草原伸开双臂迎接着远方的客人，草原葱绿，云卷云舒，高原以最美的姿态吸引着每个人的眼球，引人入胜，大家沉浸在优美的景色之中，对玉树的支教工作充满了神圣自豪感。当晚21时，我们到达玉树称多，先期到达的殷局长和称多县教育局扎西才仁局长热情接待了我们。近13个小时的路程，大家都有些疲倦，但他们的热情接待，让大家脸上的倦容一扫而空。晚饭后扎西才仁局长立即组织了欢迎会，吉祥的哈达舞起来，嘹亮的歌声唱起来，藏族儿女用最热情的仪式招待了我们，那一刻，我们都是贵宾。扎西才仁局长在欢迎致辞中说，玉树地震后，全国人民都伸出了援手，玉树的藏族群众深切感受到了全国人民一家亲的温暖，玉树短短三年就完成了重建，这在青藏高原乃至世界各地都是不曾想象的，今天玉树重新挺立在了世界屋脊，那是因为身后有和你们一样为玉树重建家园而默默无私奉献的人们。家园已经建成，校园已经建成，玉树的藏族学子渴望知识，渴望早日成才为建设新玉树建功立业，所以你们的到来就如甘露一样滋润着干渴的心灵，玉树欢迎你们，玉树的孩子们欢迎你们。那一刻，我们远道而来的20名支教教师都被感染着、被激动着，都流下了泪水，我发现台上的殷局长也在不停地鼓掌，不停地拭着眼泪。我们觉得，玉树就是我们的第二故乡，我们在玉树的事业是崇高的，我们有责任、有义务把这份沉甸甸的工作做好，为玉树，为玉树的孩子。

一年的支教工作转眼过去，一年的工作有辛酸，有苦涩，有激动，有幸福，但更多的是感动，每每有藏族小朋友用不太熟练的语言来请我，"老师，我们草原上走，我阿爸等你哩！"我不知该怎样回答他，只是连连点头。快要放假了，几个藏族小伙子跑来问我："老师下学期你来不来？"我点头回答说："来！"那时，我知道我被自己的虚荣心所包围，但这样善意的谎言才是我离开的理由，我没有其他理由告诉他们。回去的车上，好几个老师都在谈论明年还来不来的问题，有两位老师明确说，明年还要申请来支教，他们说已经离不开这片草原，离不开善良诚挚的康巴学子。

回到自己的岗位，我已按部就班地开始了自己的工作、生活和学习，每每看到校园里活动的孩子们，我就会想起玉树的藏族学生，以及我留给他们的谎言，我会想，他们会不会恨我？但新生的玉树已经迈上新征程，这个谎言可能早已在岁月的风尘中烟消云散，玉树的未来已经可期。

岁月如流，今天已经是玉树地震10周年了，10年来玉树浴火重生，已经在高原上站立成树。灾难过去10年，新城崛起，新姿焕发。震后10年，玉树教育已经实现跨越式发展，人均受教育水平显著提高，义务教育入学率达100%，巩固率达到95%以上，高中阶段升学率从地震前的32%提高到如今的98%，幼儿园入园率从3.5%提高到68%。玉树孩子的天空瓦蓝瓦蓝。

2010年，玉树还是一个非常陌生的名字，地震后10年，玉树这个名字已经与青藏高原紧紧联系在了一起，成为青藏高原亮丽的名片，成为三江源、母亲河、中华水塔的代名词，唐蕃古道、文成公主庙、通天河畔嘉那玛尼石堆、格萨尔王传说等文化记忆与符号已深深印记在我们每个人心中。举觞白眼望青天，皎如玉树临风前。玉树临风，玉树长青，曾经玉树那么远，如今玉树那么近，它已在我心里站成了一棵树。

班彦，一个村庄的新生

对于村庄的认识，我停留在了故乡。

在苍茫山河间，每个人都能指出一个原点，这个原点就是故乡，那是自己的出生地，也可以说是眷恋的家乡。从山村里走出来的每一个人，都对村庄有着深刻的认识，还有刻骨铭心的思念。我的故乡在被大山环绕的一个小山村里，我对故乡的认识到现在仍然是山、沟、崖，弯弯曲曲的小路，数不尽的山头，走不完的小路，说不清的沟。离开故乡快三十年了，我想，村庄的模样大体如此，不会有什么新奇。

然而，一次偶然的机会，改变了我的看法。2017年9月11日，当大家还在留恋秋天的美景时，我跟随省作协"深入生活，扎根人民"采访创作活动小分队来到班彦新村，簇新的村舍、柏油铺就的村道、清一色的太阳能路灯、别具民族特色的村居、公共设施配套齐全的新村广场，颠覆了我对乡村、村庄的认识。是的，二十多年过去，乡村已变了样，村庄已发生了蜕变。

细细回忆，最早到访班彦，是在1998年夏。三年师范毕业后，我们这些中师生就被撒在了乡村的角角落落，落在了乡村的犄角旮旯，成为建设家乡真正的生力军。二十多年了，我们这一代中师生还在乡村小学校发光发热，献了青春献汗水。应该说，这一代中师生真正为建设家乡奉献了一切。应该讴歌他们。但今天，我想要说的是世世代代居住生活在这里的人们，他们为建设自己美好的家园，一代代，一辈辈，从未放弃，从未懈怠，因为他们的坚持与执着，才有了班彦村的今天。他们才是我们所要敬佩和歌颂的，他们应该是这个时代的弄潮儿。

1998年仲夏，我们几个同学相约去五十班彦小学看望同班同学小李，毕业六七年了大家除了书信来往，很少聚在一起谈天说地，相约去看望他乡的同学是美事一件。我们几人从县城骑着自行车出发，过卡子沟，翻东垣山，一路说说笑笑，五十多里、三个小时的路程，没觉得有多远。同学小李毕业后先是在五十寺滩小学任教，接着又到甘滩、北庄、拉日好几个学校，1998年又调到班彦小学，相对来说，班彦小学无论在地区还是在校舍建设上都是比较好的一所学校。我们到学校后，小李和他的同事热情接待了我们，小学新修的飞檐走壁式的教室、宿舍，带有土族民族特色的四合院落令我们羡慕不已，在这样的学校任教，小李是三生有幸，我们除了感叹还是感叹，要知道那时的学校，大部分都是土担梁。听小李介绍，班彦村是一个土族村庄，8个社、369户、1360多人的村民都是世世代代居住在这里的土族儿女，民风淳朴，民俗文化浓厚，保留完整，从马背的动荡回归田野的宁静，土族群众还保留着马背民族的豪放、热情、善良、好客。小李还说，班彦村居平大公路要冲，地理条件相对优越，村前有占山，村后有靠山，村西边有从甘滩一路奔腾而来的河水，风水极好，过去出了不少秀才，近些年还出了县长，是个出人才的地方。风水固然是好，但出人才之说，应该与当地村民重视教育有关。没有文化知识，哪来的人才。

对此，我进行了走访，了解到班彦村虽然封闭落后，但村民历来重视教育，从古时的私塾到现代的学堂，这里从未拖过后腿，重视家庭教育、传统文化教育，大力支持教育发展才是这个村落一直兴旺的原因之一，也才有更多的土族儿女走出大山。

班彦小学辐射周围十几个村社，100多名学生，还有一个教学点，那就是沙沟山教学点，一人一校，八九个学生，两个年级。山村的教育就这样走过了年年岁岁。班彦村沙沟山，两个社，129户，480多人。小李说，沙沟山教学点离小学七八里地，来回两三个小时，当时我们有一种冲动，很想去点上看看，但因路途不熟，自行车又去不了，未能成行，这成了我心中没有忘记的向往，以后许多次都想去，但都没有去成。2016年再次去五十镇，得知沙沟山已被列入搬迁计划，正在规划搬迁，又没有去成。这不，沙沟村搬迁到新村后，原村落和学校已全部被拆除，夷为平地，沙沟山已不存在，教学点也已不复存在，去沙沟村、沙沟教学点成了永远的遗憾。

班彦新村是当地党委政府统一规划，在征地和搬迁原班彦村沙沟山的129户村民的基础上建成的，建成后立即成了当地异地扶贫的典型，受到社会各界的关注。班彦新村被党和国家领导人惦记在了心间。班彦村是幸运的，班彦村的村民也是幸运的。班彦村村民的兴奋与热情跃然纸上，面对新生活他们充满了憧憬。他们勇敢地站在了新生活的前沿。行走在班彦新村的巷道，处处能感受到新生活的气象，卫生情况的改变让人刮目相看，毕竟一种持久的、亘古不变的生活习惯一朝得以改变是不容易的。传统生活与现代生活交织体现在每家每户的生活中。巷道里不难发现多了一分商业气息，盘绣坊、酩馏酒坊、民俗农家院都在热情地招呼着每一个到访的客人。变化是一点点开始的。

显然，班彦村的变迁是一个缩影，是一个村庄的新生，是改革开放四十多年来农村变化的一个着力点。诚然，班彦新村的建设是扶贫工作与新农村建设、美丽乡村建设的一个模板。新村的建设让这里的人们过上了和城里人一样的生活。乡村在变化，日新月异。大山里的每一个村庄都在发生巨变，或许，我所钟爱的村庄正在历史的尘埃中逐渐演变，以至消失，这是我所希望的还是忧虑的，我不得而知。

水 井

一口水井，是我们村最绵长的记忆。听老一辈的人说，井是解放初期部队官兵打的，解决了小山村的吃水问题，老人们至今还对解放军战士念念不忘，这是一代人最深远的记忆，也是如今唯一留存下来的最古老印记。几十年的光阴岁月里，她同五谷杂粮一起，喂养着一个村庄，生息繁衍。

我的家乡位于青藏高原东部，北依祁连山，绵延的山脉拥抱着我的小山村，厚重的土地让我们去耕耘，去生活，同时也在考验着我们的生存智慧，在大山的皱褶里如何安居乐业是一道难题，干旱缺水、靠天吃饭、靠雨种田，这是一种生活常态，几十年来从未改变。水也是一个村庄生存与发展的命脉。面对极其艰难的生存环境，老一辈庄稼人展现出了惊人的生存能量，挖水窖、集雨水，找泉眼、集泉水，挖水井、打井水，背水驮水，能用的办法都想到了，生存的艰难拓展出无尽的智慧。水井伴随着一代又一代山里人书写生活的艰辛，也成为一代代山里人最难忘的记忆。

回到乡村，一幅生动的画面就会跃然眼前，村里的大伯大婶挑着一担水，迈着平稳的步子，一只手搭在肩上扶着担子，一只手随着水桶有节奏地前后摆动，还热情地和行人打招呼，家长里短问个不停。在村里，一担水就是一家人一天的用量，担完一担水就完成了一天家中最重要的劳务活，然后坐在村头，惬意地谋划地里的庄稼活儿。很可惜，我没能用镜头记下这一瞬间，如今，这样的画面很难碰到，除了村里拉上了自来水外，村里年轻人几乎走光了，每一个村都是空的，老人和孩子空洞的眼神里都是无奈，生机与活力逐渐远离村落。伤感的不仅是老人，更是我们永远的眷恋。

井在村子中央地带。一户户人家围井而居，不断增加，就像井里的水纹一圈圈往外荡漾。井口有一棵老槐树，喝着井水长大，眼看着一代又一代村人老去，自己的皮肤也皲裂开一道道口子，历尽沧桑，但每年春天仍会发出嫩绿的叶子，呼唤着人们挑水，去播种，去耕耘，生活在她眼里亘古未变，日出而作，日落而归，春种秋收，冬雪夏雨，树叶绿了又黄，黄了又绿，村庄未变，变化的是人们匆忙的脚步。

水井很深，深达十几米，井口用花岗石砌成，中间一块青石上挖了孔，被砌成井口，于是每一只水桶从这儿下去，然后打上满满一桶水，荡漾着，如同孩子天真的微笑，生活的乐趣也就被他们担回了家。年复一年，打水的辘轳不知换了几茬，打水的绳子不知磨断了多少，井口的青石被绳索磨勒出一道道深深的沟痕，如布满了皱纹的额头，满是沧桑。用手抚摸这些沟痕，坚硬而柔滑，像极了沉默不语的时光隧道。

井水是甘冽的，喝着井水长大的孩子，都对水井有着依恋，离开家乡，总会说我是喝井水长大的。是的，外面的世界充满了诱惑，每一个人都向往，长大了的孩子都会走出去，吃水的人换了一茬又一茬，井水的记忆是短暂的，也是永久的。尤其是这些年，气候变暖，干旱始终困扰着人们，春旱秋涝成为小山村显著的气候特征。春天缺水，始终是人们的心头大患，老水井就成了村人最牢靠的依托，吃水靠她，生活也靠她。

水井不乏故事。村里人传说唐僧取经曾途经这里，人困马乏，就在井口取了水喝，顿觉甘甜清冽，劳累一扫而光，于是念念有词，为这儿取名"纳龙沟"，意为祥龙光顾之地。传说终归是传说，我的小山村被称为纳龙沟这是事实，老人们都对这个名字耳熟能详，只是近年随着行政区域划分的规范，这样的称呼逐渐被人所遗忘。在村里，水井边也是村庄故事的策源地，东家长西家短的信息总会从这儿起源，村里哪家人有喜事了也会从这里最先传播出去。这些年出门在外的人多了，哪家的人出门挣到钱了，或遇上事了都能从这里打听得到，这儿就是一个中心，这个中心辐射着全村人的神经，幸福与快乐，苦难与绝望，喜悦与悲哀，困难与希望，令村庄生生不息。

农忙的日子，也是水井最忙碌的日子，每天早晨四五点就有人来打水。庄稼人总喜欢赶个早，第一个打水的人是最勤快的人，预示他勤劳勇敢、生活美满。尤其是腊八和大年初一，人们都要争个先，早早到井边打水，企盼一年生活幸福美满。水井也就不知疲倦地为人们送出一桶又一桶水。一口空桶进去，满满一桶水出来，似乎从没有怨言。作为村庄的一部分，水井付出的最多，却从未要求过什么。但是作为个体，人更在乎索取，想将大自然的每一部分都据为己有，从没满足过，这是人作为自然个体的劣根性，如果人人都能懂得付出，这个世界是否会更美好？这些年，树被砍光了，裸露的土地没有了遮蔽，于是沙尘、洪水、泥石流接踵而来，好像在诉说大自然无尽的痛苦。失去了植被的保护，水井的水好像低了好多，每遇春旱或秋旱的时候，水井也会断水，古老的水井也显示着她的无奈。诚如鲁迅所言，牛吃的是草，挤出的是奶，而水井从未所求，却养活了几辈人，稍稍歇息一下，也是应该的。

　　水井的日子一天天老去，又一天天鲜活着，就像里面的水，日日更新着。如今，家家户户都用上了自来水，到水井担水的人越来越少，水井似乎也清闲了不少，但遇上停水的日子，水井边又会热闹起来，水桶碰着水桶、担子挤着担子的时刻又会重现。一个个被忙碌围困的身影又会在水井边上重逢，守着老水井说说各自的辛酸苦辣。水井不语，水井不老，人自用情。

村　庄

　　村庄很小，小得只能容下我童年的记忆。村庄很远，远得忘记了走过的路。村庄很静，静得只能听见三两声狗叫。村庄很穷，穷得没有了人。村庄只有回忆，回忆里满是乡愁。

　　如果说乡村是一本书，那么炊烟就是一首诗——一首心灵的诗。这首诗诠释着一个乡村所有的清瘦、丰富饱满。可如今，乡村是忧伤而又寂寞的，一个个在村庄长大成人，然后义无反顾远离家乡，追求着梦想，一去不复返。更多的村里人拖家带口背着沉重的行囊，从村头起步，走出乡村，满怀憧憬地奔向遥远而陌生的城市，去寻找他们理想的世界。那些单调而自然的田园记忆，全部融入他们奔忙的日子里。村庄依然如故，在每一个夕阳西下的傍晚，孤独的炊烟袅袅升起，向远方的游子表达着无尽的牵挂。村前的小河已经断流，荒草恣意丛生。老榆树的枝头上喜鹊搭建的窝已经破败，一只乌鸦不停地聒噪，牧归的羊群咩咩地寻找着自己的家园，顽皮的孩童打着响亮的口哨，呼唤着玩伴。村庄永远不知忧愁，而深深的乡愁却在游子的心中不停地回荡。

　　在岁月或浅或深的脚步之中，村庄缄默地窝在西北这片广袤无垠的土地上，像个洞悉世事人情的智者一般，在与大地齐平的角度上，目睹着一幕幕悲欢离合。多少鲜活的生命在她的见证下出生成长，无数怀揣梦想与希冀的年轻人带着一腔的意气风发转身离开，只留给她一个果断刚毅的背影，又有多少漂泊半生孤苦无依的游子在遍尝世态炎凉之苦后带着一脸的忧愁和泪水重新回到她的怀抱，被她温暖地拥抱。不断有人离开，尽管也有人在返回，但是村庄终究被掏空了，变得空空荡荡、无所依靠。村庄还是以前的那个村庄，只是她的身影开始变得沧桑落寞起来，更多的时候，她只是一个出生地的代名词，然而这个词却与思乡的情感、年夜饭的温暖、一些隐藏在岁月深处的记忆无关。屈指算来，我离开村庄已经二十多年了。二十多年来，村庄发生了剧变，我是否已远离，是否已背叛，我不敢确定。我所能明白的是城市文明在不断侵蚀着乡村文明，传媒信息不断刺激着乡村的神经，乡村已不再安宁。急躁的情绪令每个人茫然，该何去何从，每个人都心无定数。

村庄多了一分寂寞。寂寞折磨着村庄。如今村里只剩下老人和孩子，他们艰难地伺候着田里的庄稼，明年庄稼该谁种，他们不想知道，但他们不想放弃，依然尽心竭力地侍弄着土地，在他们的心中土地就是根，土地就是生活唯一的依靠。蹒跚的脚步，周而复始地丈量着田地，脚下是他们的希望，也是他们的未来。村庄的寂寞交给了夜。夜的寂静，被夜莺的啼叫惊扰，惊醒了炕头孩子的梦。孩子在梦里，呼唤父亲的抚摸。女人的手拍着孩子，无助地等待黎明。我常常在想，我二十多年的青春滴在乡村和土地上，却把四十岁的天空，交给他乡，身在城市，心始终是飘零的，一份并不久远的乡愁割舍不下的依然是乡村。老人、孩子、狗，村庄、田野、河流，炊烟、夕阳、黎明，岁月从未停下脚步，村庄依然生生不息。

突然就很想念那些逝去的岁月，真想用尽全身的力气与那些逝去的美好来一场奋不顾身的拥抱。儿时的记忆时常萦绕在耳边，欢乐的童趣时不时让我忍俊不禁，童年的恶作剧如今是个甜蜜的回忆。我始终忘不了乡村田野里飘荡的芳草味、沁人心脾的麦香、淡淡的油菜花香、泥土的清香，让我有格外的亲切感。村里人真诚的微笑、亲切的问候，让我有一种归属感。城市的街头，处处让人陌生。喧嚣的街道掩饰不住我内心的孤独，忙碌的身影没有依靠。我是如此深情地怀念过去，村庄是否也同我一样无比怀旧？我不敢确定，但我明白，村庄有过去，还会有未来。

也许是生性使然，无论离开再远，人总是习惯在自己受伤之后给自己寻找一个依靠，回到这片贫穷荒凉的土地。每一次，原本被无情抛弃的村庄总会伸开双臂接纳归来的游子。总会有离去与回归，人情冷暖无以言说，村庄依旧沉寂在这片土地上面，静静地聆听，然后在人们把她遗忘的同时，也把自己慢慢遗忘。

夕阳西斜，夜幕低垂，村庄，不管如何撰写沧桑，所有的沉重与荒凉在温柔的晚霞里被厚厚地包裹着、安抚着。深沉厚重的思绪，深深浅浅的怅然像是一道道山梁，渐渐模糊在蹉跎的夜色里，踉跄的脚步，一直走向未来。

村庄的变迁，似梦，似风，又似云，而我的村庄依然在梦里，在浓浓的乡愁里。

种　田

　　我是农民的儿子，在泥土里长大，对于种田多少有些了解，还可以说是有感情的。每到春季播种的季节，看着村子里的人开始忙着种田的时候，我就会情不自禁想起自己小时候跟着大人们去种田的情景。最有趣的是自己趴在耱子上，让大人牵着骡子在刚犁过的地里来回耱地，虽然是一身的泥，但却高兴得不愿下来，硬是要大人多转几圈。当然那份喜悦还要看大人高兴不高兴，高兴了会让你多趴一会儿，要是不高兴，他就自个儿踩上耱子自己吆喝着耱地去了，几个小孩子只好眼巴巴地望着，央求他去趴一会儿。那样的日子里，留给我的印象是其乐无穷的，那时我总盼望学校放假，放假后就可以骑上马跟着大人们去种田，去趴耱子耱地。

　　如今，我已经离开了土地，种田的日子离我越来越远，我的那份感受只能靠看着田地里忙碌的身影去体会。有时自己回家，总会听到老人们聚在一起谈论种田的事儿。常会听老人们说，种了一辈子的庄稼，到头来还是不会种庄稼。对于这话，我有些不太理解，种田不就是撒上化肥，翻过地，再播上种子就行了吗？细细想来，还真是那么回事，种田是一门学问，学问还大着哩。

　　眼下，正是种田的日子，一日下午，我闲着无事，便溜出去，到地头上看学校附近的人们种田。来到田间，放眼望去，山里的每一个角落都有忙着种田的汉子，手扶拖拉机吼叫着，冒着浓烟在一块块田地里来回穿梭，沉睡了一个冬天的土地被翻过，晒在了阳光下。一块地里，一家四口人，公公、婆婆、儿子、儿媳正在种油菜。公公端着一个木升子在地里撒化肥，一边走，一边用脚在地上撒出一道清晰的脚印，算是他撒过化肥的记号，返回时又隔着脚印一米远继续边走边撒化肥，又撒出一道印来。儿子开着手扶拖拉机在来回犁地。儿子显然已熟练了开手扶拖拉机犁地，他嘴里叼着烟，显得很轻松，不长的时间，就有很大一块被他犁翻。翻过的土地冒着气，散发着泥土味，他把手扶拖拉机停下来，转过身静静地等着自己的妈妈和媳妇打坷垃。婆婆和儿媳拿着榔头，顺着刚犁过的地，尽力地拍打着快要变干变硬的土坷垃。此时，公公已经把一块地的化肥撒完了，坐在地头，边歇息边和我交谈起来。

　　闲谈中我得知，他们一家五口人，除了他们四个劳力，还有一个上大学的小儿子。一共种了17亩地，今年他们只种了4亩多地的小麦，其余的都要种油菜和洋芋。他说油菜和洋芋的销路好一些，得多准备些钱给上学的小儿子交学费。他同时告诉我，再有一两天，菜籽和麦子就都种完了，洋芋还要等上几天。当问及为什么种这么快时，他说这几年天比较旱，得及时抢墒播种，迟几天地里就全干了，连种子也下不上，因此，一天常常要种上个五六亩地，再说早点种完可以早点出去打工，也就需要四五天时间，一家人的地就能种完。他说这几年庄稼不好种，一是犁地播种都要用手扶拖拉机，没有年轻人，他不会开；二是现在种田都要讲究个科学，种子、化肥、农药都是从农科所购买的，他不识字，不知该如何搭配使用。他笑着说，种了一辈子的田，到今天真不会种田了，赶不上年轻人了，但现在的农活好干，人比较轻松，还是机械化好，时代好。

在谈及种庄稼的收成时，他脸上露出了一丝忧虑。他说这几年天气比较旱，而且变化无常，灾害性天气比较多，病虫害更厉害，粮食产量连年呈下降之趋势，但种粮的投入却在加大，种子、化肥、农药的价格逐年提高，加之油价上涨，种田的成本太大，这还不包括劳动力的投入，多数家庭还靠贷款种田过日子。好在这几年政府加大了支农力度，各种税费都减免了，还有种粮补贴，农业化肥贷款也好贷了，多少给农民增加了一点信心。种庄稼仅能维持一家人的生活，离致富相差太多。公公还告诉我，抓紧几天种完后，儿子和儿媳就要出门打工去了，他和老伴全力照看庄稼。看他的神色，对打工的收入还是充满了希望，他们一家人的收入，不仅是种庄稼这一项，出门打工的收入占着很大比重。

几年前，我在家务农时，印象中种田一年的收入仅是秋后卖菜籽一项，再无其他来源，比不上出门打工搞副业及其他收入，但一年到头要忙个不停。记得有一年，我们刚过年，正月初五就去地里劳动了。地里的干坷垃全部要用榔头细细打过，还要把送到地里的粪打细，一堆一堆散开，直到种田前几天，还在忙活着用马车往地里送粪。种田种上一个多月还种不完，两个牲口犁地，一天顶多犁上两亩地就累得不行，人困马乏。而今，用不了几天，山里的每一块地里就都播下了种子，真快，这就是效率。再说村子里，昨天还有好多人聚在一起扯闲天，今天就都找不见人影，都出门打工去了。

二牛抬杠的耕作方式已逐渐淡出了今日的农业生产，代之而起的是机械化，手扶拖拉机已变成了庄稼人手中最重要的劳动工具。清明节我回家去，和党家子①的几个人交谈，他们言语间都说的是如何用手扶拖拉机犁地的技术问题，他们谈机械犁铧的使用技巧，谈拖拉机耱地的技巧，谈播种的要领，这些我只能默默地听着，我在想要是让我现在去做农民种庄稼，恐怕我会是最差劲的一个。

以前常说"一年的庄稼二年的苦"，在庄稼人心中，只要能吃苦受累，庄稼肯定能成，庄稼是苦出来的，于是每个人都是拼命干，每天干，没日没夜地干，常常是早上顶着星星出门，晚上背着月亮回家。如今看来，这样的思想得改变一下，种田得巧干，得和时间比胜负，在技术里面求收成，做到事半功倍，既要省力，还要有高收成。俗话说得好，"种瓜得瓜，种豆得豆"，只要种下去就会有收入，现在看来还不行，种什么瓜，种什么豆，或许还是个学问，如何让瓜和豆变成钱这才是最重要的，或许这就是种了一辈子庄稼的老农也搞不懂的地方吧！

一分耕耘，一分收获。春天播下种子，秋天收获果实，种田如此，做人如此。我不知道种田人是否感受到了这么多，或许没有，他们的想法简单而直接，目标是单一的，也是明确的，那就是收获粮食。我不知道我的目标是否明确，也总想着朝着一个方向努力，可总也免不了受这样那样的诱惑，诱惑总使我朝三暮四，没有满足感、成就感，过多的奢求压迫着我，让我总是痛苦着。我想我也是一个种田人，我也应该朝着一个方向、一个目标迈进，放下过多的杂念，就如一粒种子，埋在地下，发芽、开花、结出自己的果实，那份收获的快乐该是最幸福的。

---

① 党家子，在青海指同族的家人。

小麦金黄

　　总是向往田野，此乃本性，绝非做作。蜗居这个小城多年，似乎还没有建立感情，觉得自己始终没有归属感，仓皇失措，如落叶，飘浮在空中，找不到来时的路。田野便成了梦境中的企盼。回归田野，仿如回到故乡，亲切感油然而生。或许这是一份与生俱来的情感，乡村田野就是童年最美好的记忆。在泥土地里长大的孩子本就依恋田野，水泥筑就的城市，冰冷生硬，没有泥土的芳香，无法容纳泥土情怀，家与故乡无法与街道、楼房建立情感连接。回家的感觉还得回到田野，回到乡村。

　　人真是奇怪，蜗居斗室时，总想纵横千里，而旅途在外想念的仍然是自己的家乡。虽然，这个家乡可能已经回不去了。如果，人的一生是一条曲线，那么，留存记忆深处的可能就那么几个点。

　　我是被父亲带着在田野长大的，田野其实是父亲的田野。一面坡、一个塄坎，偶尔窜出的野兔、山鸡总能令父亲喜笑颜开。自春天播种开始，父亲就天天穿行在村庄、田野和麦田之中，父亲像村庄和田野的孩子，麦子像父亲的孩子，那么亲切，那么温馨，谁也离不开谁。我自小就跟着父亲在田野里穿梭，太阳落下，月亮映照着一条小路，小路的前方就是家，从不迷路。时间长了，父亲也就由着我独自在山里转悠。再大的山沟，再黑的夜都不怕我丢失，熟悉的田野就在他的心中。快乐无处不在，一只蜜蜂也能引着我从山这头跑到山那头，然后又去草丛中找蜂窝，童年就在田野里无拘无束地度过。那时候田野就是我的向往，逃出家门，奔向田野的感觉就像胜利大逃亡，别提有多高兴。

季节总是轮回。在父亲慈祥的目光中，小麦最先腼腆地低下头，笨拙却温柔地轻轻摆动身子，把柔情悄悄地变成一股浪，淹没父亲，淹没田野，淹没村庄，甚至要把已经很蓝的天空再洗一洗；鸟群飞过上空，把一些弧线交给天空、田野和村庄，交给父亲和麦子的遐想，歌声坠落，让壮实的麦粒更加饱满，让金黄的田野更加闪亮。一瞬间，田野铺上了黄金。父亲的汗珠滴入泥土，缓缓进入根须，涌上茎秆、麦穗，整个田野在涌动，涌动起阵阵麦浪，淹没了整个山岗。

田野金黄，这不仅仅是景色，更是企盼，是庄稼人最大的愿望。庄稼人的希望其实就在田野。小麦是西北农村主要的农作物，作为口粮，小麦在农业生产中的地位举足轻重。生活靠它，收入也靠它。庄稼人的梦想就在麦田里，丰收的麦田、金黄的麦穗是一家人的寄托，麦田里走出来的庄稼汉子，善良敦厚、吃苦耐劳，有着一股永不服输的拼劲。犹如小麦，奉献了麦粒的同时把躯干也奉献给了人们，供人们做草料，当烧材，而根须又是土地的养料，为来年的庄稼献上养分，土壤肥力得以补充，一茬又一茬地产出粮食，土地的厚重，就像庄稼人厚重的生活一样神奇夺目。

小麦具有光辉的历史，是古人对农业生产做出的最大贡献。小麦是新石器时期人类对其野生祖先进行驯化的产物，栽培历史已有1万年以上。据考证，早在公元前7000年，在如今土耳其、伊朗、巴勒斯坦、伊拉克、叙利亚、以色列等国家所在地区就已广泛栽培小麦；在中国，公元前2000年就已栽培小麦，并由黄河中游逐渐扩展到长江以南各地。作为最重要的粮食作物,《本草纲目》如此解释:"小麦秋种冬长,春秀夏实,具四时中和之气,故为五谷之贵。地暖处亦可春种,至夏便收。"李时珍如此注释:"北人种麦漫撒,南人种麦撮撒。北麦皮薄面多,南麦反此。"这里不仅仅说明了小麦的食用价值,还说明小麦具有药用价值。诚然,发展到现代,小麦作为北方农民最主要的口粮,面入食,麸皮入药,麦麸作精饲料,全身都是宝。

因为气候的关系,我们这里多种植春小麦。春种秋收,一年一茬,典型的西北山区农耕方式。一年一熟,熟了的麦子是大家共同的向往。青海大部分地方冬长夏短,部分地方甚至没有夏天,草芽刚绿,一场风雪,眨眼间就枯黄了,阳光温暖的日子短暂而宝贵,全年无霜期只有短短的100多天,所有的生产劳动就要在这期间完成。春小麦的种植可以说是抢着时间和节气完成的。春天播下种子,夏天开花抽穗,秋天结了籽粒的麦穗刚刚低下头,霜冻就来了,泛绿的麦秆顶着垂下头的麦穗,还泛着草绿的汁液,就要被收割。这时候,田野再一次活了起来。鸟雀欢叫,蚂蚱尽展彩色的翅膀,咻溜咻溜地飞个不停,田间地头的雉鸡也会伸出长长的脖子耀武扬威地走进田地啄食。

小麦金黄,打量深秋的麦田,金色的麦穗闪烁太阳的光芒,一片田地就是一曲金色的吟唱,田野金色的交响曲奏响,田野深处,阳光也在热烈地鼓掌。"一点点烂漫的阳光,就是最丰富的风景。"这是一曲麦子组成的旋律,麦穗就是音符,任你去奏响。田野交织成浓墨重彩的油画,田埂勾勒出图案,村庄、绿树缀于其间,麦田簇拥着村庄。青山静立于远方,像叶子一样围着田野,他既是观众,默默地看着田野和村庄,他又参与演出,和田野、村庄组成一个大歌舞剧。馨香是主旋律,金黄是主色调,即使没有风，舞台上也有丰富的动作。

　　一生劳作，面朝黄土背朝天，父亲并不明白绘画与田野的关系，他只知道秋天的田野这么成熟、这么实在、这么令人喜悦。他说，满天的晚霞是天空熟透的庄稼，等着我们去收割。

　　父亲把整个季节握在手上，以田野为砥，用阳光和汗水打磨岁月，用镰刀收取零碎的汗滴和黄金。这个时刻，乡村开始沸腾，一曲山村交响乐在田野里此起彼伏，激励着季节。一群鸟雀从东山飞到西山，又从西山飞到东山，把飞翔的影子投在田野里，让田野有飞翔的音符。

　　母亲的饭香远远飘来，弥漫整个田野。母亲的呼唤洞穿田野。黄昏来临，伫立田野，一些种子在心里悄悄生根、发芽、生长。

油菜花开

南宋诗人杨万里宿徐家客店，窗外油菜花开得正艳，一群欢乐的儿童正在田野间追逐打闹，他们在追扑蝴蝶。蝴蝶飞进黄色的油菜花中，孩子们分不清哪是蝴蝶，哪是黄花，再也找不到了。面对此情此景诗人写下了千古名句："篱落疏疏一径深，树头花落未成阴。儿童急走追黄蝶，飞入菜花无处寻。"简洁生动地描写了美丽的田园风光，生活在他笔下熠熠生辉。

中国古代名仕历来向往田园生活，追求安逸、幽静、脱俗的世外桃源。东晋伟大诗人陶渊明的《桃花源记》，更是深切表达了作者对安宁和乐、自由平等生活的追求和向往。几千年来，中华文化的血脉里始终流着寄情山水田园，诗以明志的文化传统。一篇《桃花源记》不仅仅表达了诗人个人的情怀，更是表达了每一个中国文人共同的向往和理想的生活。向城市文明迈进的步伐不但冲击着人们的神经，而且一步步把田园生活的美梦击得粉碎。人们都进城了，享受着优越的现代生活，而乡村已经空了，田园生活只有老人、孩子和狗还在书写传奇。乡村生活的美好只叙写在了一篇篇的文学作品中，我们都选择逃离农村、逃离家园，乡村美景、田园生活被定格在了书画中。

现代文明便捷的服务束缚了我们的手脚，钢筋混凝土禁锢了我们的思想，迷茫、浮躁几乎是城市通病。这不，回归田野又成为潮流，乡村成为户外徒步、旅游的首选。人总归要接地气，这是对的。还是回到田野，回到乡村吧。七月，在油菜花盛开的田垄上，蜜蜂和蝴蝶很亲热地与花朵拥抱深吻。与这些蜂蝶相比，站在菜地边的我纯粹就是一个局外人。花朵拒我于门外，蝴蝶拒我于门外。显然寂静的田野不想被人打扰。人类的脚步太匆忙、太潦草，原野从未安宁，我们在追求祥和与宁静的同时，是否也该想到山川河流、大地草木需要静养，需要休整。一朵花盛开，自有它的芬芳、它的骄傲，绽放的美丽不是斗艳，是生命的礼花。用心呵护，是呵护生命的尊严。

田里的油菜花悄悄地绽放，静静地诉说田野的辉煌与灿烂。一花一世界。金黄的油菜花朵一层一层竞相开放，婀娜的身姿把田野装扮得绚丽多姿，黄的花、绿的草、蓝的天、白的云，妙手绘成一幅写意的山水画。金黄的油菜花一朵朵、一支支，缤纷热烈，迎风摇曳，风情万种。含苞未放的花骨朵如少女娇羞的脸庞，欲说还休，而俏丽枝头的花朵却如成熟而矜持的少妇，坦然地露着笑脸。

忙碌的蜜蜂，翻飞的蝴蝶，馥郁的花香，田野总是生机勃勃。盛夏，忙碌的人们终于停下脚步，回望芬芳的花朵，走向了田野，走向了金黄的油菜地，走向了生生不息的渴求。我想油菜呢，决不吝惜自己的情怀。青翠欲滴的叶，流动着金黄，在碧波荡漾中尽情盛开，如唐诗宋词，平平仄仄，或婉约，或豪放，都以空灵的胸怀接纳远方的游人。没有刺骨的绒毛，没有缠人的根茎，唯有阵阵的馨香，唯有朵朵黄花碎絮的依偎，留给你对灵魂的一次洗礼和升华，留给你深深的思考：生命的礼花总会傲然绽放，哪怕狂风骤雨、酷暑严寒。

由此，我想到了缤纷的桃花、粉白的杏花、如诗的梨花，在高高的树枝上绽放，装扮着春天，和风细雨，滋润万物。那么，油菜花呢？不与百花争艳，不与万木争宠，只为丰硕的果实，遵守对故土的承诺，回报辛勤的汗水。花开花落，并不是过程，而是一个必然。给我阳光，我将怒放，给我雨露，我会含笑。人生何尝不是如此，经风历雨，不仅仅是过程，还是历练。困难和挫折只是暂时的，机遇与挑战并存，风雨后鲜花依然会开放。生命的个体都一样，既能接受严冬的桎梏，更能沐浴狂风暴雨的洗礼。

　　一朵花尽情地绽放，那是花的荣耀，是对生命的礼赞。你看，漫山遍野的油菜花，在田野，在山岗，尽吐芬芳，是不是对生命的欢呼？

　　田野，油菜花开，一片金黄的诗意，远方，海子面朝大海，是否还在等待春暖花开？

割 麦

　　我非常熟悉割麦的感觉，"哗啦哗啦"随着镰刀一起一落，一抱麦子晃动着麦穗被揽在了怀里，往下坠着，沉甸甸的，收获的喜悦就会从心底油然而生。我总喜欢把麦捆子立起来，一排排地站立着，成熟的麦子重新立在地上，此时成功的喜悦是难以言状的。劳累会随着挺立起的麦捆一扫而光。那时候我就想，如果人生犹如麦捆一样，一年收获一次，在跌倒时奉献收获，奉献希望，把种子撒进地里，等待着又一次收获该多好。

　　又是一年割麦的季节。我离开家乡的土地，住进水泥砌成的石窟之中已有四五个年头。那份在田间自己割麦感受收获的喜悦已无法体会。可每到收获的季节，心儿总会不由自主地飞到田间，飞到地头去体会，去感受。今年秋天秋雨特别多，缠缠绵绵、没完没了的。我的心情总会被这秋雨搞得特别烦，我总怕就要收获的麦穗被浸泡在无边的秋雨里。

　　担心归担心，我总盼望天空放出一丝的晴来，哪怕是一丁点的亮光，人们总会抢在雨水之前将成熟的果实给收回来。收获怎能是一帆风顺，未经风雨怎会见彩虹？磨砺出的果实才会弥足珍贵，或许秋雨也是这样想的吧，也想在收获的大道上洒下自己的风霜来，把秋的甘露洒给干渴的果实。

　　揣着熟悉的记忆，天刚放晴，秋日的阳光第一次照耀金黄的麦穗时，我独自一人迈步来到田间，走进麦田，重温那失去的记忆。一份久违的感觉重新涌上心头。雨后的阳光洒过田野，田间地头升起阵阵雾气，透过雾气，阳光的路径一道一道，清晰可辨。原来从这个角度看，光的路径是那样清晰。下的雨水太多了，地下湿漉漉的，踩上去软绵绵的，真像春天开封待播种时张了口的土壤一样。沉重的麦穗压弯了麦秆，也压弯了它们的躯体，无力担负起那份重量，一行行的麦秆伏在了地面上，把它们张开的嘴唇再一次亲吻在了大地上，也许它们还想把种子重新撒进这潮湿的泥土里吧。秋风吹来，麦穗无力地晃了晃笨重的身躯，又低下头，躺在了大地上。这时候，它也盼望着主人能把它收起来，变成麦捆站立在地面上，那才是它们作为成功者的骄傲。

我渴望手中能有一把弯月似的镰刀，锋利无比，轻轻一碰麦秆，麦秆就会随着镰刀顺从地拥入我怀中，如同拥抱我的恋人一样，亲切、甜蜜、幸福。可是，我握惯了钢笔的手已无缚鸡之力，怎么能拿起镰刀有力地拥起那成熟了的躯体呢？再说，早已生分的麦穗恐怕也不会听我的指挥，任我拥抱、任我摆布了。我轻轻地抓起一颗麦穗捏在了掌心里，用力地揉搓着，剥去外衣，露出它浑圆结实饱满的裸体，透着它特有的光亮，跳动着，有点羞涩地在我掌心里翻滚着，我禁不住诱惑，一口把它们吞进了嘴里，慢慢嚼着，细细地体会，如同我的初吻，透着麦香，填满了我无尽的欲望。

炽热的太阳光晒醒了骚动的蚂蚱，抻着艳丽的翅膀"扑哧扑哧"飞上一段落下又飞起来"扑哧扑哧"地叫唤起来，如同在呼喊自己的亲人一般。脚步走过的地方，更有数不清的蚂蚱惊慌跳起。天空不时会飞来一两只蝴蝶，扑扇着美丽的翅膀，想在这晴好的天气下展示一下自己绝伦的美艳。蜜蜂也不时寻访着一个又一个麦头，飞来飞去是在告别，还是寻访它最后的归宿？麦秆在阳光下也呻吟起来，发出一阵阵干裂的噼啪声。一切都在说明：该收割了！一位熟悉的老人正在地边用力地磨着镰刀，刀刃在阳光下泛着青光。丰收来之不易，还要将这锋利的刀片挥向每一株麦秆，让麦秆回到主人的怀中，把果实奉献给自己的主人。伏在地下的麦子，不好割，镰刀经过时可能会连根拔起，拔起的根部，泥土还冒着潮气。竖起的麦捆经不住自身的重量，又跌倒在地上，躺成一排，如熟睡的士兵。无论是站着、躺着，我觉得它们都是美的，就如同得胜的士兵，是站着欢呼，还是躺着熟睡，都彰显着成功的美丽。

我走进麦田，接过老人手中的镰刀，想割起一个麦捆。老人笑着，看我蹲下笨重的身子，一把一把地割麦。原本非常熟悉的活儿，如今我的手已忘却了那种感觉，不听使唤。起身抓一把麦秆想挽一个麦腰子，可麦秆怎么也挽不到一块儿，拧在一起又松开了。好不容易挣扎着绑了一个麦捆子。可没等我走开，麦捆子就自动松开了，我哭笑不得，只好放下了手中的镰刀。我想，我真成了白眼狼了，只能吃，不能干。大块的麦田养育了我，沃饶的田野给了我童年的欢乐，可如今这些真成了我的奢望了。虽然衣食不愁，但我想，麦田当中的那份收获的快乐我是再也找不到了。

坐在家里，我常常关注着天气的变化。我希望天气每天都能晴好，好让家乡的父老早日完成收割打碾任务。但往往天不遂人愿，偏偏这个秋天是个多雨的季节，天气预报刚播过冷空气南下的消息，雨就不停地下起来。天气变化无常，春旱秋涝，是农民们最不愿看到的。可这几年，年年都这样，仿佛是有意跟人作对似的。我知道我们无力控制气候的变化，但我想，人类活动才是天气变化无常最根本的原因，滥砍滥伐，光秃秃的山岭怎能遮风挡雨，庇护她的子民。我无奈，我只有祈求，祈求明天会有一个好天气，会是一个颗粒归仓的好日子。

乡村腊月

坐在办公桌前，同事常常会发出慨叹："年是什么？让人们忙忙碌碌的。"是的，年是什么？年到底在哪儿惹得大人忙、小孩盼、亲人累、火车挤？我想年在人们心中，年在人们对幸福的向往里，年在父母团聚的企盼中，年在乡村的腊月里。

三九严寒，雪花飘飞，乡村腊月就在寒冷的早晨悄悄地来到了沉睡的村庄。路面上的飞雪飘飘闪闪，如棉似絮，村舍里缭绕的炊烟冲破了冬日的寒冷，农家人笑眯眯地开始准备年货了。年在乡村的腊月开始显现。

腊月的早晨沉浸在醉人的朦胧中。不知谁家的狗，兴奋地叫了几声，乡村宁静就被打破。"吱"一下，谁家的大门开了，"咯吱咯吱"，担水的姑娘媳妇极有节奏地在雾里走，将女人们朴实而有力的脚步留在了冬日的这个早晨。清晨的第一缕阳光还没有透出地面，每一户人家的火炉都点燃了，一缕缕轻烟袅袅娜娜地升起，不一会儿小村庄就被缠绕在烟雾之中了。

腊月是神圣的，只有怀着虔诚的心祭神（灶神爷、山神爷、财神爷……每一个神都是要祭的）、祭祖，心要真，情要深，过一个好年。庄稼人忙了一年，轻易不再外出，人也懒散了，将那火炉子烧旺，火炕烧烫，蹲在家里"猫冬"。

腊月里的男人们更像男人，不再过问地里的庄稼，叫老婆拣出最体面的衣裳穿上，去县城赶集要一天，当然说不准哪天还会坐车进省城一趟。干吗？打理年货呗，这可是男人的专利。或许不是真打，或许钱还没凑齐，有时花上一整天时间打回来的也不过几张五谷丰登、六畜兴旺的年画，或几张写春联的红纸。更多的时候，是提上酒壶去灌散酒，为节后的痛饮做准备。快过节了礼节明显多于平时，遇人了，几个人也就聚在一块儿，煮上一点儿年猪肉，倒上两杯刚灌来的大曲酒，开始喝酒吃肉，来得非常慷慨大方，往往几杯酒下肚，潮红涌上面颊，话就多了。说年景、总结得失、谈来年的打算，开心处，响起一阵阵不假修饰的笑声，纵使夕阳落山也未必能分出酒量胜负，这个时候人们就已经开始过年了。

俗话说，过了腊八就是年，吃了腊八冰，姑娘媳妇们就开始争晴天、抢太阳"洗着过年"了。红被子、绿床单、花衣服，家家户户的房前院内挂满了洗过的衣物，整个村庄变成了一个五彩的村落。庄户人家都比较勤俭，除了给小孩子买几件衣服，大人们缝缝洗洗，将就着一年又过去了。家里的汉子们也闲不了，卷起袖口忙着打扫，一把扫帚绑在竹竿上，"唰唰唰"扫去墙角的蛛网和隔年的灰尘，谓之"扫房"，有寓除旧年、迎新年之意，当然这在时间上也是有讲究的，一般要选在农历腊月初八到腊月二十三过小年这段时间。

这两年村里外出打工的人多了，收入也上去了，村里也和城里一样，时兴装修。这不，趁着腊月天，人人家家泥墙、粉刷、换窗、贴地板，整个村子闹得沸沸扬扬。一到村庄你就会被这种气氛立刻感染，你会切切实实地感觉到年来了。

外出打工的姑娘小伙儿纷纷回来了，有染了头发的，有拉直的，有贴了假睫毛的，有走进村口炫耀地掏出手机呼朋唤友的。

到家了可乐坏了爹和妈，一年四季出门在外，一家人也就盼着过年团聚，只有这个时候幸福才会写在爹妈的脸上。

腊月在寒风中孕育着生机，在忙碌中透露出丰盈。扫了房，洗了衣物，找个好日子，叫上隔壁邻友宰年猪。宰年猪是乡村进入腊月后最为重要的一件事，也是一家人最为快活的一天。烧上一大锅水，几个人将肥猪摁在桌子上，雪亮的刀子往猪脖子上一攮，热腾腾的猪血就淌了一盆，此时宰把手将杀猪的刀子叼在嘴里，还要吩咐一番，一是要说今年的庄稼收成好企盼来年庄稼还要大丰收，二是说猪要转世投胎，下辈子有个好的归宿，有时宰把手还要说上一句"刀子宰了我没宰"的话，算是开脱责任，也是中国农民善良的表现。热水一烫，刮光猪毛扒开膛。洗净了肠子，装上血肠、肉肠、豆面肠，再蒸上油包子，村庄被热气、香气包裹的时候，又去请来村上的老人、党家的兄弟，一大家子围坐在火炕上吃起肉来。忙了一年宰上年猪一家人好好吃一顿，此时是庄稼人一年中最为幸福的时光。

腊月的夜，温馨而充满诗意。一家人围着旺旺的炉火，尽情享受着安详与温馨。女人好不容易坐下来了，手里却闲不住，一针一线纳起鞋底，男人则估算着过年的开销，算算发多少年钱、年后要走几家亲戚等。

乡村的腊月冻得再结实，都能让罐罐茶煮松开；乡村的腊月睡得再沉，都能让欢快的布鞋拍醒；出门再远的游子，都会在三十那天的晚饭前跨进家门，就为了吃这顿年夜饭。其实准备过年的过程才是最美的，无论是行走在路上的游子，还是在村口翘首等待的老母亲，那份愿望、那份心情，就已经把过年放在了心里。年，就在乡村腊月风风火火的忙碌中，就在人们的盼望中和真诚的祝福中。

腊月，你来得风火火，走得急匆匆！腊月，你带给人们多少企盼，留给人们多少温馨的回忆，多少美妙的憧憬！大年三十的钟声一响，告别腊月，走进大年，走进又一个春天……

第三辑　乡土情思

露　珠

清晨的阳光照在山涧的草地上，那里便弥漫起一片融融的雾气，似烟雾飘逸，丝丝淡淡。细看每片草叶上，都挂着几枚晶晶亮亮的露珠，光气氤氲，蠢蠢欲动，五光十色，煞是好看。

清晨，人心舒润清亮，如同绿叶上的露珠一样纯净透明。有风在动，雾里看花，光彩变幻无穷，绿中透出青蓝，烟里又逸出青丝，或青里泛起赤黄，光气袅袅轻漫，草色美妙无比。

不一时，阳光高照，露珠很快没了踪影。秋天的田野一片萧瑟，草色绿中透黄，秋天总是如此，变幻莫测。是该去谈收获还是感伤时光流年？徘徊在田野，静数指尖的年华，走过的岁月悄然从指间滑落，如能读懂季节，我必将走进童话的世界。花开花落，注定一个四季的轮回，缘在繁花凋落的瞬间，已灰飞烟灭，我如一颗露珠，在叶尖清澈透亮，从不知掩埋心思。文字最能表达心迹，往日的时光恍如梦中，留在笔尖，一路走来，不知有多少个身影一晃而过，我颤抖的笔触，无法一一记述，那该是多么的失落。

昨日的林荫小道，往事翩飞，秋风起，萧瑟的季节，听不到花开的声音。捻一片叶子植入心扉，感知清寒的味道，威远古城有了风的味道，也有了冷漠的颜色，一场留恋在尘埃里消失，无声无息。花已落，言已尽，流年不再倒转，那场如泣如诉的离别已成为指间流沙，随风而去，一颗寂寞的心已破碎。

时光煮雨，流下的却是滚烫的泪滴。又一个早晨，露珠还会摇曳生姿，只是阳光是否依然夺目？秋雨淋湿多少记忆，无奈留下叹息，人生且行，我且遗忘，云已淡，风已轻，终究逃不过一场荒凉，如这清冷的秋，散落一地的悲凉。感谢你我，相约文字，世界很大，明天我们该用文字记述这个多情的季节。

追逐风景

  人在旅途，行色匆匆，急促的脚步从不肯停留，仿佛在追逐时间的脚步，而一路的风景就这样留在身后。

  清晨，朝霞满天，阳光透过云雾，洒向村庄，一地阳光照耀整个世界。炊烟袅袅，那是生活的意境。

  黄昏，夕阳西下，行走的脚步还在天涯，思念如丝丝溪流，绵绵不绝。家是港湾，那是温馨的向往。

  夏夜，守住时间的风景，静听夜阑的声音，还有文字，把时光一秒秒碾碎。细数那清晰的脉络，我看到了时间在尽情流淌。

  窗前的花，似乎听到细碎的声音，远方照亮窗棂的灯火，诗意般谱写着倒影。

  这个夏季，似乎有些特别，微热，寂静，睡意全无。偶尔听着窗台上传出的车流声响，岁月的记忆慢慢呈现出来。

  翻阅着时光的记忆，音乐传递着美好的诗情。孤独的我，似乎错过了无数雨季，迎着盛开的杜鹃，守护季节。

  每一个深邃的夜色，想象着那一段与时间结缘的青春。文字就像恋爱的眼神，只能在相思中呈现。未来不知是何风景，前途带着冲锋的勇气。

  也许时间早已溜走，但落下的记忆，还是那样清晰，没有一点模糊的痕迹，也没有一点多愁善感的热泪。

  生活或许就是这样，伴随着时光，伴随着如诗一样的节律。

我们不断往前走，不断迈步跨越。

但时光荏苒，流入指尖的真情伴随着多少个夜晚，就像今天一样，守护着的，早已不再是院子中的虫鸣，而是悸动的思绪。

看着闪烁的灯火、疾驰的车流，想守住时间的风景，内心多了丝丝清愁。

苦苦追寻时间的脚步，却忘记身后还有风景，忽然有些失意。因为时光诉说一切，转瞬即逝的人生路，除了错过就是错过。

来了，走了，又来了，都是诗意的人生，也都是诗意中留下的背影。这些背影就像每个季节生长和飘散的落叶，都是那么突然地随着时间的轮渡划过人生之海。

守护的夜晚，记忆的闸门如洪水倾泻，堵不住流过指缝的光阴。

快乐阅读

　　身处网络时代，一部手机走天下，读书成了奢侈。一本本经典名著摆在书架，无人问津。人们更喜欢在网络上获取信息，静下来读书的人成了异类，似乎与时代格格不入。但我更喜欢拿着书静静地阅读，无论是闲在家中，还是上班的空余间隙，我都爱读书。

　　"人生有涯，知识无涯"，他们把读书当成一种心灵的散步，把读书当成灵魂的漫游。真正的读书人，能从书中看到善良，看到美好，他们为书中的精彩而感动，为书中的幸福而哭泣。他们总是需要阅读，但对读书又无所求，只因读书而充盈、而宁静，读书给他们力量，给他们阅读人生的动力。

　　读书，你可以与岳飞握着双手，一同喊出"壮志饥餐胡虏肉，笑谈渴饮匈奴血"的豪言，你可以和柳永一同走过"杨柳岸晓风残月"的江南，你可以和苏东坡一同饱览"乱石穿空，惊涛拍岸，卷起千堆雪"的壮美风光。当你枯燥烦闷时，读书能使你心情愉悦；当你迷茫惆怅时，读书能平静你的心，让你看清前路；当你心情愉快时，读书能使你发现身边更多美好的事物，让你更加享受生活，"书中自有黄金屋，书中自有颜如玉"。

　　读书，是一种提升自我的艺术。一本书有一个故事，一个故事叙述一段人生，一段人生折射一个世界。读诗使人高雅，读史使人明智，读每一本好书都有各自不同的收获。"悬梁刺股"的故事就告诫我们该如何去读书，如何从书本中获取力量。自古以来，勤奋读书、提升自我是每个人的毕生追求。

读杜甫的诗使人感悟人生的辛酸，读李白的诗使人领悟政治的腐朽，读鲁迅的文章使人认识社会的黑暗，读巴金的文章使人感到未来的希望。每一本书都是一个朋友，教会我们如何看人生。

读史书，能聆听到历史巨轮碾过的隆隆巨响，重温五千年浩瀚的洪流。从原始社会的茹毛饮血到氏族公社的确立，从古老的禅让到世袭制的建立，从陈胜、吴广的呐喊到宋江、方腊的振臂高呼，从太平天国的硝烟弥漫到黄花岗的枪林弹雨……我们读到了智慧，我们听到了呐喊!

读散文，能听到书中的呓语，于文中遨游。余秋雨先生领我们于霜雪的阳关道外寻敦煌旧事，我们听到敦煌沉稳而又悲哀的搏动与叹息；张爱玲点燃一烛熏香，于烟雾袅袅中，我们仿佛回到了旧上海，听旗袍飘逸拂动的韵律，人力车穿梭中生命的艰辛喘息；三毛带我们一路穿过西班牙到撒哈拉沙漠，我们仿佛在沙漠的夕阳下聆听骆驼的幽幽低叹。

读哲学，能在哲人的深奥里找到一些真谛。孔子独立江边，慨叹"逝者如斯"，我们明白了时间的稍纵即逝和弥足珍贵；佛静坐菩提顿悟人生宇宙，我们听到了无穷之中隐隐约约传出的智慧之语……

读书，就是阅读人生。

用文字记录心灵

居乡村小学一隅，恍如隔世，青春的激情就与文字结了缘。没有了学生的夜晚我就荡漾在梭罗的《瓦尔登湖》，留恋在海子的诗歌中等待春暖花开。我不是作家，文字于我而言只是一种寄托，更是一种习惯。我借文字达到不能达到的梦，实现不能实现的愿，借诗句抵达不能抵达的心。

爱文字，爱的是它天然初始的样子，没有雕饰，唯美出尘。它本身就是对生命最本真的诠释。那些流淌着真情与才情的文字，或月色倾城，或孤独寂寥，或激情四溢，总是激励我去奋斗，永不言弃是我心灵的物语。

每当陷入了迷茫，文字便化作我生命的启明星，把我的一切带入一个闪光的黎明。任何时候做自己心灵的主人，诗文里就有了尘烟的味道，有了一缕阑珊的温暖。打从心灵邂逅了文字，就注定与她为伴。夜色深重，只有灵魂随指尖在笔端轻歌曼舞。在文字里感受别致的情怀，看年华缓缓地度过，安好宜人。

用文字寻找人生的安宁，无论一个人过得多么富有，都渴望心灵的解读。将爱情的美好珍藏于心底，人生有多少美丽的时光相伴，就会有多少美好的追忆相随。一个芳菲的春天，承载了一季永远的花香。

每个人的文字，都滋养着一颗充满着爱的灵魂。一份刻骨铭心的爱，一份心有灵犀的感触，穿透回忆的声音，是微笑，更是烙印。用心底的温情拥抱那年、那月、那时。这轻轻一拥的刹那，就是一段如诗的邂逅，是上帝赐予的吸引彼此的一段情节。今生将那些不老的传奇书写成纯美的章节，只为滋养来生的眸、来生的心、来生的痴。

文字，美的滋养。温情岁月，花酿清香，心花静开，诗亦芬芳。美好的情感，无论是昨天的曾经，还是今天的拥有，都是上天赐予我们的珍贵礼物，带着一颗感恩的心，淡看缘起缘灭，相信岁月最终沉淀给我们的，将是一份永远的美丽。把生命里忧伤的情愫掩藏在长长短短的段落里，我写文字只为给我的心灵找一个家。我已不再年轻，那些日夜陪伴我的文字，却永远风华正茂。

用爱的文字恪守人生的隽永，品读岁月悄然积淀的一抹沉香。随心入骨的文字，起笔的时候坦然，落笔的时候亦淡定从容。

松多，一路风情

长久以来，我一直深陷在关于乡村问题的思考中，这个曾经承载了中华几千年文明历史最基本的元素，如今在风雨中飘零。关于乡村记忆的呐喊不绝于耳，作为最亲近的生存家园，乡村是我们生活里最美的记忆，无论成功与失败，这里容纳着生活的全部。如今，在经济的大浪中，乡村面临转型的尴尬，正在经受着阵痛。村庄成了空壳，昔日的热闹没了生机，曾经兴盛的庭院已是荒草萋萋，乡村的记忆正在被孤独与等待改写。曾经熟悉的村庄，迷失了方向，生存与发展面临着艰难的抉择。城市化进程的加快，乡村首当其冲，进城与不进城都是无奈的选择。进城是迫不得已，不进城也是迫不得已。每一步都很难，于是村庄就在两难中续写过往。

前些天，应友人邀请，赴松多藏乡采风，在感受民族风情的同时，也领略了松多草原迷人的风景。松多是一个藏族乡，境内生活着藏族、土族、汉族等多个民族。松多是英雄的部落，是白牦牛的故乡。"松多"是藏语译音，指三岔口之中央，三岔口之意。松多的草山森林面积达25万亩，占总面积的85%，境内松多草原、科胜掌、葱花顶、倒对山等都是著名的风景区。松多东岔（藏语称"叶龙"）、北岔（藏语称"云龙沟"）景色宜人，水流清澈，是夏季旅游的好去处。我们此行虽不是去旅行，但沿途风光已使人流连忘返。路上，同行的松多乡乡长藏仁尚还告诉我们，目前正在规划修建松多水库，水库建成后，这里的景色将会更美。离开乡村，居在小城一隅好多年了，城市的喧嚣让我迷失，活在自己的世界里不能自拔，个性与自我被格式化，亲情和乡情被功利化，思维被固定在城市狭小的空间里日益僵化。对于城市我有着本能的排斥，但却沉溺其中，走不出来。走在熟悉的乡村道路上，亲切感油然而生。在乡村摸爬滚打十几年，来到小城，我也想建立属于自己的天地，但终告失败，情感的归宿原来还在乡村，一份乡村情结是我永远解不开的扣。

我们此行的目的是为杂志拍摄题图照片，并采写稿子。来到东岔，热情的拉旦尕藏书记，已炖好了奶茶，端上了酥油和青稞炒面。同行的几位友人被他们的热情、淳朴所感染，连说还是乡里好，乡里不但有人情味，还有居家的生活味。一碗青稞炒面可难住了我，我不会拌，同行的友人就调侃我，说我不会生活。为了配合我们，拉旦尕藏书记叫来了村上的几位藏族妇女和土族妇女。松多的藏族和土族亲如一家，藏族不但会说藏语，还会说土语，土族会说土语的同时还会讲藏语，他们之间没有任何交流上的障碍，并且对对方的生活习俗了如指掌，他们在这片土地上亲密无间地生活着，相敬如宾。这让我们感动，民族间的交流与融合是时代的需求，而平等、团结、和谐则是永远的主题。藏族服装和土族服装迥然不同，但各具特色，几位藏族妇女和土族妇女应我们的要求展示服装、摆造型、唱道扎（藏族民歌，意为家里唱的曲）、跳锅庄，其乐融融，仿佛今天就是她们的节日一样。藏族、土族天生能歌善舞，热情好客，一首曲子、一段舞蹈她们信手拈来，不需要特别排练。这也给我们的拍摄带来了方便，我们的镜头不时记下了她们快乐的瞬间。我们在拍摄，她们却沉浸在自己的快乐里，这就是她们的生活，快乐而简单。拉旦尕藏书记的阿妈是一位七十多岁的藏族老阿妈，她一边转着经筒，一边热情地迎接我们的到来，安详地注视着我们唱歌、跳舞。她深邃的眼睛里满是平静和吉祥。她信仰的世界里全是幸福和安康。我的镜头捕捉到了她的安宁，我想，此行最让我感触的除了民族间的和谐，就是她的宁静与安详。

就要启程了，一位同行的友人禁不住发出感慨，他说，互助除了巴扎加定，还有松多，我们的笔要发现松多。真的是这样，在留恋大川美景时，我们不妨关注一下穷乡僻壤中的松多，关注一下达坂山下的松多草原。松多这个唱响了民族团结进步之歌的藏族乡村，有着属于它的美丽、宁静和安详。

二月二的遐想

　　威远镇的街头人头攒动，这是一年一度的土乡传统交流会。土族阿姑们穿着七彩的花袖衫来了，土族小伙子骑着崭新的摩托车来了，年轻的小伙领着刚过门的新媳妇在街道里手拉着手甜甜蜜蜜地逛着，威远鼓楼在人们的簇拥下，显得雄浑而肃穆。二月二是一个土乡人翘首以盼的日子。俗话说"二月二龙抬头"，舞龙、舞狮、扭秧歌、耍社火、跳轮子秋、转安召，土乡儿女在欢歌笑语中送走严寒，迎来希望的春天。这是土乡儿女的节日。

　　"二月春风似剪刀。"这个日子数儿童最快乐，新建的青稞酒广场上，挤满了放风筝的小孩，五颜六色的风筝把威远镇的天空装扮得格外绚丽。在这里，虽然春风不能剪出柳条来，但却能剪出七彩的花袖衫来，花袖衫扮出了土族阿姑婀娜多姿的舞步，扮出了威远鼓楼悠悠的历史。能歌善舞的土族儿女舞动着春天的脚步，用花袖衫把威远镇的每一条街道装扮得更靓更亮。

　　二月二是一个物资交流的盛会，来自西宁、兰州等地的商贩挤满了威远镇的街道，卖衣服的、卖杂货的、卖食品的、卖书的、耍杂技的，山里的汉子、川里的媳妇、沟里的老汉、滩里的阿奶，形形色色的人都来到了这个小小的县城，人们你推我、我挤你，在街上穿行，虽然在街上看不到什么，但是人们享受那份娱乐的心情，交流会，交流会，不只是物质的交流，更多的是人与人的交流，文化的交流。

走花车，是这两年威远镇街道二月二的一个新亮点。人们给花车装饰上有关土族服饰、青稞酒文化、土族民俗、威远鼓楼等具有地方特色的造型，在街道中巡游，供人们欣赏，展示地方文化的魅力。近年来土族服饰、土族花儿会、土族土司文化、土族刺绣、轮子秋表演、二月二文化交流会等都被列为国家非物质文化遗产受到保护，并力求进一步发扬光大，土族文化的春天真的到来了。

花儿擂台也是二月二交流会的一个重头戏。找片树林搭个台子，姑娘小伙儿聚集在一起唱青海花儿，这就是人人都喜欢的花儿擂台。出名的唱家们唱上一首，不出名的小伙儿也来一首，好动的土族阿姑更是要唱上一首，不分高低、不分好坏只要能唱就行，唱到尽兴处，还会引来一阵阵的吆喝声。最吸引人的要数男女对唱，你一句我一句，在互相调侃中把花儿的精髓唱了出来，引得无数的男男女女侧耳倾听。自这个时候开始，一年中唱花儿的季节就来了，自此互助的山山洼洼就随处能听到花儿，一直要唱到秋收为止，互助成了花儿的故乡。

有话说"互助人能喝，西宁人能侃"，互助人好饮酒、善饮酒，这是众所周知的，"互助的麻雀也能唱二两"是对互助人爱喝酒的最好总结。互助青稞酒享誉省内外，深受人们的喜爱。在互助，二月二也是一个青稞酒节。每年的二月二，青稞酒厂都会拿出窖藏好酒，供人们品尝。人们争相品尝互助青稞酒，青稞酒香溢满了整个街道，酒厂借此推出新品互助酒，延续互助酒创造的一个又一个传奇。一辈又一辈的互助人，喝着互助酒，诉说着酒文化，也在诉说着一个古老民族的传奇。不论是当地人还是漂泊在外的互助人，都对青稞酒情有独钟，走亲访友、聚会，少不了青稞酒助兴。我想，趁着二月二的春风，青稞酒香会越飘越远，酒文化的历史也会越飘越久。

在互助农村，二月二还有吃大豆的习惯，说是吃大豆一能弹醒慵懒了一个冬天的人们，二能除去一年的邪恶，三能弹开了地门，呼吁人们快去耕种。不管怎样，吃大豆倒是孩子们的最爱，有空了还要用大豆赌赌输赢，看看自己的运气是好还是坏。

二月二，一个土乡儿女的节日，它将承载着更多的希望，把土乡的明天描画得更加灿烂。

奔 丧

　　星期三是这个冬天唯一的一个雪天。好久没有见过雪了，看到洁白的雪花我都有点喜不自胜，如同孩子们一样不由在雪地里跑了几个来回。暖冬天气一天天地考验着人们，这儿毕竟是青藏高原，有着高原气候的显著特征——忽冷忽热，说不定会一下子来个降温，让你无论如何也受不了，尤其是抵抗力较低的老人和孩子。这个时候也是医院最忙的时候，病人们常常会排队看病、抓药、打针。好在这几年我没怎么感冒，也就免了吃药、打针之苦。这样的天气是我所盼望的，冬天不见雪总不是什么好事。为了庆祝这难得的下雪天，我和朋友相约一块喝酒庆祝。中午我们几人正喝得兴起，接到了老家喜奎的电话，说是他家老汉走了，让我务必请假过来帮他料理丧事。喜奎是我党家子兄弟，儿时最好的伙伴，一块儿长大，虽不是亲兄弟但互相之间的情谊远胜过亲兄弟了。在老人去世的第一时间就叫我，足见他对我的信任。不管怎样，这回一定得去帮他料理丧事。于是顾不得酒场上热烈的气氛，带着几分酒兴踏雪回东山老家奔丧。

　　喜奎和我同年生，也已过了而立之年，想到他，我不由得就会回想起快乐的童年来。那时我们同年生的小伙伴一共有四个，都住在隔壁，四人一有空就偷偷凑在一块玩，不需要召唤，一到时间四人准到，在一起的时候喜奎就是我们的带头大哥，他总有用不完的点子带着我们去玩。夏天我们最快乐的事就是挖蜂窝，喜奎观察蜜蜂最厉害，要是在地边看见一只蜜蜂他准能分出是采蜜的蜂还是已采了蜜回巢的蜂。不信你照他说的做，如果是回巢的蜂，盯着它不一会儿它飞上几个来回就进窝了，我们也就能瞅好它的巢窝，打个记号拿铁锹来挖就行了；如果是采蜜的蜂，你就不要盯它了，等它采完蜜，也就不知它飞哪儿了。靠着他这样的办法，成功地挖了一窝又一窝的蜂蜜，虽然每次都要受到蜜蜂的攻击，每次都有人被蜜蜂蜇得鼻青脸肿，但是蜜的绵甜还是诱惑着我们整天游荡在田间地头。可这自然也免不了要受家里大人的责骂，为了控制我们，家人不让我们出门，我们就互相想办法叫对方，拿把镰刀背个背斗说是要去割草，出了门就由不得大人了，晚上回家时再拿点蜂蜜让他们尝尝，免得挨打，有时家人气急了，只好受了惩戒，但第二天依旧跑到山上去。有时瞅不到蜜蜂窝，我们就去掏鸟窝，捉麻雀拿来在火上烤着吃，特香。更有趣的是一次我们捉了一只田鼠，喜奎带头放在火堆中烫熟了吃，被家人知道后，每个人都挨了一顿打。我们的日子就这样在一个又一个闹剧中快乐地度过。然而这样的好日子没过多久，就出事了，喜奎的母亲因病去世了，十二岁的他就成了一个没娘的孩子。失去了母爱的他很快就退学了，生活的重担立刻压在了他稚嫩的肩膀上，他开始要做很多的家务活，有时还要帮着大人干农活，他已没有了时间和我们一块玩，我们的友好同盟也就散了。有时我们去找他，他出来后总是说还有很多活没干，一脸的忧伤，从那时起我就觉得他离我们远了，他长大了。四个小伙伴一个接一个失学了，我们在一起玩的时间越来越少，儿时的快乐就这样留在了记忆里，喜奎从那时起就成了一个大人。

后来的日子我上学、工作、成家，和喜奎在一起的时间更少，有时一年见个一两回。从只言片语中知道他受了很多的苦，先是父亲离家出走，他和哥哥相依为命，守着家种着田、做着家务，一天天艰难地推着日月，没有人为他们做衣服，也没有人为他们做鞋，一双破旧的黄球鞋就伴了他多年。没人做饭，兄弟二人你一顿我一顿地糊弄着过日子。好在二人都懂事，硬是支撑着把日子过了下来，一年年地，家也就有个家的样子了。一晃二十多年的日子就这样过了下来，兄弟两人都快三十岁了，可都没有成家，两人分工，一人在家劳动一人出门打工，维持着两个人的经济生活。那年喜奎出门打工，正好遇见了他现在的媳妇陈，两人在同一家饭馆打工，有着同样的遭遇，陈没有了亲娘，受尽了生活的折磨，于是两人同病相怜，就好上了，快三十岁的喜奎也就有了老婆成了家，受了苦的喜奎对这份来之不易的幸福生活很珍惜，常常没日没夜地干活，操持着生活。可生活又一次给了他打击，照顾他、陪伴他长大的哥哥在打工时遭遇车祸永远离开了他，他的哥哥甚至没来得及喝上弟弟的一杯喜酒，这对喜奎来说残酷极了，长兄如父，他们相依为命的情感超过了父子之间的爱，狠心的父亲哪知他们兄弟二人的苦处。

生活的不公没有压倒喜奎，他就这样在磨难中继续着他平淡的生活，第二年他媳妇给他生了个儿子，这也算是上天给他的最大恩赐，他说他对生活知足了。就在那年，几十年不见的父亲又回来了，见到这个几乎陌生的人，喜奎不敢相信这是真的，可是苍老的父亲也已被生活磨尽了一切，只剩下一具病恹恹的空壳。喜奎在没有享受到父爱的情况下，顾不得多想，又尽起了儿子的孝道。他先是给重病的父亲借钱看病，又请人给父亲做衣服、收拾房间，给老人一个极大的安慰。在他的照料下，父亲慢慢好起来了，可以帮他看孩子、做些家务，一个温馨的家庭又复活了。村子里的人都说，喜奎好样的，生活被他挺过来了。

去年这个时候喜奎给我打电话说，让我回去，说他要给他父亲祝寿。我回去后见他做了充分的准备，不但做好了父亲的寿材①，连老人的寿衣都做好了，还请来了所有的亲戚朋友，为父亲祝寿。那天看着他忙来忙去，又和媳妇一起跪下来给父亲磕头拜寿，那份虔诚我想他是发自内心的。我在心里说，喜奎我不如你，虽然我自小在福里长大，又有了一份工作，过着滋润的生活，可同龄的我，到现在还没有给父母亲尽过孝心，你还是我的带头大哥。

我踩着积雪来到喜奎家中，党家的人都已到齐了。喜奎见我先是向我磕头致意，又给党家的人磕头，说是父亲走后求党家兄弟料理丧事，还要把丧事办得隆重些。我们忙着开始办丧事，请鼓手、请先生、写祭文、念超度经，一连五天，人来客往，在吹吹打打中送走了他的父亲，花了多少钱我不知道，但从那场面上，我知道，喜奎尽了他作为儿子的所有孝道。百善孝为先，我想他是善的，也是孝的。生活对每个人都是公平的，虽然从小他受尽了苦，以他的诚恳、以他的勤劳善良，他的明天一定是美的。

---

① 青海当地风俗，年过六十岁的老人都要做好棺材，准备好去世时穿的衣服，亲戚朋友都会来贺寿，意为健康长寿。

从青海湖起步

2013年，注定不平凡。"嫦娥抱'玉兔'，逐梦广寒宫。"几千年的奔月梦从神话演绎到现实。漫漫奔月路，就如我平凡的生活，激起的浪花荡漾着，经久不息。

时间从不停步，年轮又一次来临。于我来说，物价涨了，房价涨了，面对着高楼，我只能望楼兴叹，居家在高楼的梦想又将遥遥无期。回顾与展望，我只能徘徊，只能在一生一世间艰难选择。容不得我过多的思考，岁月又剥离了我一年的青春，我又老了一岁。未来永远是个未知数。匆忙的奔跑没让我前进多少，却让我忽略了太多身边的风景。心灵的孤单，使我忘记了对生活的微笑。有句话说得好，"累了，该停下来"。我不能过多企求什么，却能感受脚下的土地啊。

2014年新年的第一天，我随报社组织的"2014爱你一世"青海湖徒步团，来到青海湖，把向往与激情放飞在新年的梦想里。2014，我从青海湖起步。

青海因为青海湖而得名。青海湖我们并不陌生。青海湖对于青海人来说不仅仅是向往和崇拜，还是生活的重要依托，无论这样的依托是精神的还是物质的。水中生灵湟鱼曾在困难时期救了几万青海人的命。

青海湖藏语称为"措温布"，意为"青色的海"。蒙古语称"库库淖尔"，意为"蓝色的海"。青海湖古称"西海"，又称"鲜水"或"鲜海"。由于青海湖一带早先属于卑禾羌的牧地，所以又叫"卑禾羌海"，汉代也有人称它为"仙海"。从北魏起才更名为"青海"。在蒙古族中关于"库库淖尔"还有这样一个传说。青海湖边牧草茂盛，是富饶的天然牧场。这里，各民族的牧民，环湖而居，繁衍生息。但是，一些部落的头人，被权势欲支配，不断挑起战争，你杀我打，常常搞得阴风怒号、愁云惨淡、尸横遍野、血染草原。后来，蒙古族出了一位明智的英雄，他的名字叫库库淖尔。他耐心地教导本民族的兄弟和邻居和睦相处。他反对人们挑起不义之战。邻族人受到狼、豹的袭击，他带领本族人帮助邻族驱逐。邻族人遭受天灾，牛羊成群死亡，他说服本族人施以救济。渐渐地，这里的蒙古族和相邻的其他各族牧民解除仇隙、消弭战祸，亲如家人、团结共处。为了各民族的团结，库库淖尔奔走劳累，鞠躬尽瘁，积劳成疾。他死了，人民的哀思和痛哭震惊了上天，上天知道他是个好人，是个真正的英雄，便封他为团结之神，并由他管理湖区牧民的祸福。牧民知道了这件事奔走相告。为了表示对他的尊敬，于是青海湖也被称作"库库淖尔"。"库库淖尔"，成了团结友爱的象征。

青海湖地处青藏高原的东北部，西宁市的西北部，是中国第一大内陆湖泊，也是最大的咸水湖，据最新遥感卫星数据分析，面积达4543平方公里。湖面海拔为3260米。湖每年12月封冻，冰期长达6个月。元旦之际，我们来到湖边，湖面虽然已经结冰封冻，但并没有冻结实，不敢直接在湖面上行走穿越。我们的徒步，就在湖边的公路上。气候变暖，一定程度上影响了这里，降水量稀少，蒸发量大，使得青海湖水位逐年下降，虽然这几年有所回升，但也只是杯水车薪。一些岛屿已和草地相连，著名的耳海、尕海已没有了昔日的风采。布哈河曾经千鱼竞流，数以万计的湟鱼溯流而上，洄游产卵，"骑马涉水踩死鱼""石头棍子就能打到鱼"的景象不复存在。如今，由于拦河坝和电站增多，湟鱼上演着一个又一个"鲤鱼跳龙门"的故事。由于河道断流，搁浅、窒息是湟鱼洄游产卵的唯一命运。行走在岸边，兴奋的人们，谈论更多的还是湟鱼，但谈论的焦点不是湟鱼真实的生命个体，而是如何去享受口腹之欲。我有些悲哀。封湖育苗，封住的是鱼，但封不住人的嘴。回望环湖岸边，沙化、碱化的土地已经没有多少草皮，不知道这个冬天还会不会降雪，有一场雪该多好，将这一切掩埋，那将是一片真正白色的世界了。

结冰的湖面还是青色的，天空也是蓝的。青海湖在蓝天白云间依然肃穆、阔大，不由得让人起敬。对于一个敬畏者来说，青海湖是神秘的。青海湖不乏神话传说。藏族传说，在遥远的古代，如今的青海湖底还是一片茫茫草原，是天然牧场。远处丘陵起伏，到处水草茂盛，牛羊咩咩，牧歌声声。这里，还有一口奇异的神井，淙淙甜水，流成一条湛湛的小溪，无论是旱年或者涝季，井水既不会干涸，也不会泛滥成灾。牧民就在这里居住，靠着肥沃的草原和神井，饲养牲畜，过着衣食无愁的平安日子。后来，这里出生了一个大智者，名白马江乃。他住在神井边上，一面刻苦地做学问和修行，一面给往来行人布施神井的水。行路人喝上这水，立刻生津解渴，精神倍增。不久，白马江乃为了修行深造，决心到加嘎尔（印度）去求法。行前，嘱咐他的徒弟说："我走后，你要继续给来往行人施水，一定要盖好井盖。"只是他忘了把不盖好井盖的后果告诉他的徒弟。白马江乃西行求法走后，徒弟按照他的叮嘱，继续每天施水。一天傍晚，徒弟施罢水，忘了盖上井盖。睡到半夜，被水流惊醒了。朦胧中还没来得及抓住井盖，水就把他冲走了。水不断从井中汹涌而出。冲啊，冲走了田舍房屋，冲走了一群群牛羊，冲走了世世代代在这里安居的人民。这里变成了汪洋大海。白马江乃当时刚走到西藏的西南边界，忽然觉得心惊肉跳，他预感到一定是神井溢水成灾了。于是不假思索地随手在脚下抓起一座山，口中念念有词，这座山一下子飞到海面上，端端地落在井口上，压住了喷涌的大水。当时，在西面的一个山洞中，住着一个千年熊精，名叫者摩。他一见海水淹没村庄和人畜，正在幸灾乐祸，梦想洪水滔天，天下大乱，他好乘机称霸一方。没料想到，井口被从天上来的山堵住了。他想，这一定是白马江乃干的，别人是没有这么大的法力的。嫉妒之心把他引出山洞。他钻进水里，拼上全身的力气掀开了大山，往水里一推。水又汹涌澎湃起来，浊浪奔腾，溢个不住。这座被推进水中的山，就是现在的海心山。白马江乃，在途中感到海水仍在不断地涌溢，心中纳闷不已，但治水要紧，他又抓起了两座小山，用法力祭起，飞来压住了井口。但不久又被熊精掀掉。白马江乃无可奈何，只得放弃了深造的愿望，赶回湖畔，驱逐了熊精，止住了井水喷涌。这两座被掀掉的小山，就是现在的海心西山和鸟岛。

二郎剑景区也是青海湖最著名的景区之一。对于二郎剑，还有这样一个传说。很早很早以前，青海湖只是一口神泉。孙悟空出世后，偷吃蟠桃，偷喝仙酒，大闹天宫，惹得玉皇老儿大发雷霆，派出了所有的天兵天将捉拿他，可谁知他们都不是他的对手，玉皇惊慌失措，慌忙派二郎神杨戬去抵挡。谁知这个二郎神也不是对手，被孙猴子用金箍棒打得抱头鼠窜，无处躲藏，只好逃往凡间，想找个僻静处先缓一口气再说。他逃到昆仑山下，觉得此处僻静，还有一眼泉。人困马乏，又渴又饿，他急忙叫跟随的童子取下随身所带的罗锅，从泉中取水造饭。他拾了三块白石头，支起了个"三叉石头一顶锅"。哪知童子从神泉中取了水，却忘了盖上盖，等他把锅刚架到三块石上，把盐下到锅里时，泉水已溢成汪洋大海，淹没了附近的村庄人畜。二郎神正打着盹，却被这漫天洪水惊醒，急忙中没有了主意，慌慌张张地在如今柴达木的地方胡乱抓了一座山，压在神泉口上，这就是现在青海湖中的海心山。当时二郎神因为心慌意乱，抓山时抓得深了一些，抓出了坑，所以现在柴达木成了盆地。孙悟空打来打去，不见二郎神杨戬，他往四下一瞅，看见二郎神正躲在昆仑山脚烧火造饭。本来不想同这个手下败将再打了，可是一看二郎神那副神情疲乏的狼狈相，又想和他再开个玩笑。于是，翻了一个筋斗来到昆仑山，悄悄躲在二郎神的背后，突然高声喊道："你在这里准备午餐，为啥不请请我老孙？"二郎神一听背后响起了孙大圣的声音，头皮一麻，慌不择路，一脚踢翻了锅，倒了汤水，领着童子急急逃命。那支了锅的三块白石头，就是现在的海心西山。锅中倒出的水，流入了溢出的泉水之中，成了青海湖水。因为汤水已下了盐，所以湖水是咸的。而二郎神的兵器也丢在这里，就是现在的二郎剑景区。孙悟空在后面紧紧追赶逃命的二郎神，他举起金箍棒一捅，"哗啦"一声，二郎神背的盐口袋被划了一条大口子，边逃边漏，漏下了一堆又一堆的盐。这样，青海湖畔有了大大小小数不清的盐湖和盐泽。

关于青海湖的传说，最为神奇浪漫的莫过于西王母和周天子的"瑶池相会"了。传说中西王母有很多处瑶池，而青海湖正是其中最大又最美丽的瑶池。周穆王即位不久便把烦杂的朝纲推到一边，亲率一支友好团队，揭开了声势浩大的西行之旅的序幕。翻天山，越昆仑，跨水泽，来到了青海湖边。西王母欣然拜受，并与周天子一行在瑶池"把酒临风，其喜洋洋者矣"。因此产生了一段流传千古的爱情神话，留下了最早的情歌，"白云在天，山陵自出。道里悠远，山川间之。将子无死，尚能复来？（天边的那朵白云哟，从山间岭道飞出。您来自那遥远的东土，一路上山重水复，愿天子健康常在，何日再来瑶池欢度）"，"予归东土，和治诸夏。万民平均，吾顾见汝。比乃三年，将复而野。（我就要回到中原之都，更展治理中华的画图，让天下百姓安居乐业，将是带给您的最好礼物，请耐心等待三年吧，我们重温今日的载歌载舞）"。或许这是最早的青海花儿，最早的情歌对唱。但这毕竟是传说。

"羌笛何须怨杨柳，春风不度玉门关"，诗人笔下的青海湖是那么哀怨和凄凉。多少年来，羌、鲜卑、吐谷浑、吐蕃、蒙古等民族和王朝在这片土地上繁衍生息，演绎着一个个悲壮的、生动感人的故事——霍去病大破匈奴、王莽设郡、隋炀帝西巡、文成公主进藏、吐谷浑王国、苏武牧羊……这些都发生在这里。战国初期河湟地区羌人首领无弋爱剑，南凉国主秃发乌孤，吐谷浑主吐谷浑、树洛干、阿豺，吐蕃王朝的缔建者松赞干布，宋代宗喀藏族政权的缔造者角厮罗，明末清厄鲁特蒙古首领固始汗，西汉大将、著名军事家赵充国，西汉名将霍去病，西夏主元昊，文成公主，金成公主，仓央嘉措等，他们的存在，他们的故事，是那样让人记忆犹新，让我不得不更深刻地敬畏着青海湖，向往着青海湖。西部歌王王洛宾更是把草原上的卓玛，把草原上的爱情扩散到了世界的每一个角落。在那遥远的地方，不在青海湖边，而在我心中，在我梦中。

历史和文化，总是有些沉重。今天浩浩荡荡行走在湖边的队伍，就如一支没有了队形的散兵游勇，散乱，但有着目标。队伍一边走着，一边还捡拾路边的垃圾，传递环保理念。这是最重要的。

下午两点左右，走了近三个小时，我步履蹒跚地到了终点。自小汽车进入我的生活之后，我很少走路，很少运动，两点一线的生活也是在车轮子上度过的。很庆幸，能在这样的日子里，在青海湖边运动，走路，想象。

组织者指挥大家在湖边用人墙排了一个大大的"2014"，并欢呼"2014我们来了，我们爱你一世"，把影像永远留在了青海湖。湖边"保护青海湖我们在行动"签名布上，我签下了自己的名字。我们并不能奢望所有人都和我们一样去保护生态，去保护我们生存的家园，但至少我们的声音要让外界听到。活动中，我在冰面上留了影，把敬仰和梦想留在冰面上，待冰雪融化时，让它们随着湖水荡漾在青海湖的波涛里。这是两年多来第一次出镜，每次外出我很少给自己留影。下午四点，活动正式结束，天也更冷了，该回去了，让宁静重归大湖。

2014，从青海湖起步。路并不仅仅是前行的路，还有生活的路、人生的路、思考的路。无论前面的路怎样，是坦途、坎坷还是布满凶险，我都得走下去。

因为，路就在脚下。

第四辑　湟水东流

湟水东流

  青青的海，蓝蓝的天。高天上流云，山尖上流水，海滩上牧羊。这就是那遥远的青海。蓝天与白云间，湟水如一条丝带，在山谷里穿行。带着原野的奔放、山川的豪迈，冲出峡谷，流过四季。湟水一路东流，在大山的臂膀里点缀出片片绿洲，把生存的家园描画在天地之间。

  清代西宁诗人张思宪有诗赞道："湟流一带绕长川，河上垂柳拂翠烟。把钓人来春涨满，溶溶分润几多田。"湟水蜿蜒流淌，把阳光和雨露播撒在了河湟两岸，汉藏撒拉儿女在湟水两岸繁衍生息，辛勤耕耘。

  湟水谷地，土质深厚、土壤肥沃。多姿多彩的民族风情吸引八方来客，撒拉尔木雕、土族盘绣、藏族唐卡、回族美食在这里集聚。若漫步湟水岸头，纵目四望，只见长虹卧波、岸柳倒映、公路如砥、高楼似林、良田漠漠、渠道纵横。夜里万空灯火，映入清波，如抖落的星斗，万斛明珠，风景煞是宜人。

  一盏不灭的神灯，摇曳着永不磨灭的希望；

  一杯醇香的青稞酒，喝出了青海人的豪爽大气；

  一曲嘹亮的"花儿"，唱出了湟水的汹涌澎湃；

  一首动人的情歌，颂出了大山无尽的情怀；

  一条涌动的河水，浇灌出了娇艳的民族风情。

  这就是湟水，一条滋养文明的河流。

一

湟水并不是黄河。有时候很多人把湟水与黄河混为一谈，认为湟水就是黄河。其实不然，湟水只是黄河的一条支流。黄河哺育了中华文明，而我要说，一条湟水孕育了河湟文化。

从地理概念上来说，湟水是黄河上游最大的一个支流，是黄河的一级支流。发源于西海镇包呼图山。流经湟源、湟中、西宁、平安、互助、乐都、民和，全长370公里，流域人口296万，占全省总人口的57%，耕地面积441万亩，占全省耕地面积的49%。两岸山峦重叠，峡谷与盆地相间分布。巴燕峡、湟源峡、小峡、大峡、老鸦峡和湟源、西宁、平安、乐都、民和等盆地，一束一放，形成串珠状的河谷地貌。湟水谷地与龙羊峡以下的黄河谷地合称为河湟谷地，海拔较低，气候温和，土地肥沃，物产丰富，人口稠密，工农业发达，是青海开发较早的地区。

湟水河包括支流大通河、塘川河在内，总流域面积3.29万平方公里，其中85.7%的面积在青海省境内。湟水由青海入甘肃后，向东南流经兰州市红古区与青海省民和县和甘肃省永靖县之间，至兰州市西固区的达川，注入黄河，史称金城河。

据《后汉书·西羌传》记载：春秋时期以前，湟水流域"少五谷，多禽兽"，人们主要依靠射猎为生。周考王五年（公元前436年），羌人无弋爱剑由秦国逃到河湟后，把从秦地学到的农牧业生产技术和经验传播到这里，河湟地区的农牧业生产逐渐发展了起来。西汉赵充国屯田以来，引湟灌溉，直到宋代何灌在西宁等地兴修水利时，汉唐古渠仍然可考。湟水滋润着河谷大地，孕育和发展了湟水流域的农业文明。清代初年西宁道佥事杨应琚描绘湟水流域是"漠漠皆良田"，"溪外一片沙鸥白，麦中几片菜花黄",优美的环境使他产生了"何妨湟水作桐乡",愿生于斯、老于斯。足见湟水两岸是一个风景优美的地方,但又是一个不为人知却蕴藏着深厚文化底蕴的地方。

二

地球上几乎每一条大河都是一方文明的母亲河流,那些大河交汇的地带就更成为古今文明汇融的沃土。河谷不但收集水,也收集土,收集大地的沉积和人类的文化,最后将它们沿着河床汇集到辽阔的平原和海洋之中。

湟水孕育了辉煌的河湟文化。这里是青藏高原、西北干旱区与黄土高原三大地域单元的结合部,聚居有汉、藏、蒙古、土、回、撒拉等多个民族,因而多元文化特色浓郁。日月山是重要的农牧文化分界,从海晏翻过日月山,向西至青海湖,向南至恰卜恰,便从纯农区到了纯牧区。唐时的文成公主,便是从日月山进藏的;著名的塔尔寺,建在湟中县6座莲花瓣地形的中央,黄教文化独树一帜,蜚声中外;西宁市东关清真大寺,富丽堂皇,建筑风格和宗教文化在国内驰名;具有地方特色的民族婚俗、节庆、服饰、文化艺术,在湟水谷地更是多姿多彩,数不胜数。蒙古族的"那达慕"、回族的"开斋节"、土族的"纳顿节"等,均是具有浓郁民族风情的文化节日。

过去人们通常认为,四千年前,中原文化已经进入文明时代和王朝国家,青海—甘肃—宁夏一带是相对落后、文明未开的地区,这是不正确的,民和喇家遗址就是最好的例证。

喇家遗址位于青海省民和县,总面积约40万平方米。遗址主要为齐家文化中晚期遗存，是一处新石器时代的巨大聚落，抑或是一个遥远的城邦古国。因其发掘出非自然性死亡人体遗骸，而是迄今为止发现的我国唯一一处大型灾难遗址。考古学家认为，引起喇家遗址灾难的是一场地震，而摧毁聚落的是随后而来的山洪。在喇家遗址还发现了大量陶、石、玉、骨等珍贵文物，特别是反映社会等级和礼仪制度的"黄河磬王"、玉璧、玉环、大玉刀、玉斧、玉锛等玉器，这些都是齐家文化文明进程和社会发展变化最好的例证。从发现的少数辛店文化墓地来看，喇家遗址还包含了马家窑文化、辛店文化诸文化的特征，展现出多学科的研究价值。喇家遗址的一个重要收获是发现了结构相当完整的窑洞式建筑遗迹。从分布面积、遗迹规模及反映社会等级制度的文物来看，喇家遗址是官亭盆地齐家文化时期的一个中心聚落抑或是部落王国的所在地。从发现的面条和人工培育的苜蓿来分析，它以种植业（粟）为主要作物，有发达的制陶、制石、制骨等手工业，更有制作精美玉器的作坊。除了来自附近玉矿的玉料外，更有来自远方的祁连玉、昆仑玉、和田羊脂玉等，从中我们可以明确得知湟水流域早在四千年前就有了发达的商贸活动。

我们可以这样说，黄河上游湟水两岸是中华文明的重要源头之一。窑洞式的聚落形态、特殊的地面建筑、聚落外围的宽大壕沟、区域中心的广场和祭坛、礼仪用的玉器、巨大的石磬、精美的彩陶和漆器、成组合的生活陶器、房址里的壁炉等，证明这里是当时社会的权力中心。同时分布广泛的原始居住聚落遗址，以及考古发现的中国最早的青铜镜、世界最早的脑外科手术、世界上第一碗面条……都说明四千年前河湟人就生活在高度文明的世界里。

1974年发现的柳湾彩陶遗址，发掘清理墓葬1691座，出土生产工具、生活用品、装饰物等文物3.7万余件，其中彩陶品约万件，著名的人像彩陶壶、彩陶靴等文化精品出自该墓地。它是湟水流域保存最完好的一处原始社会氏族公共墓地。按文化性质的区别，这些墓葬多以原始社会马家窑文化、马厂类型为主，时属母系氏族的晚期阶段，距今大约3500~4500年。众多彩陶中，除彩绘各种花纹、几何图案外，还可看到符号花纹，仅柳湾墓地就发现有百余种，有的实属罕见。这些符号花纹大都绘画在彩陶壶腹的下部，研究者认为是器物制造者的记号，或代表某氏族的一种徽号，或者是数字代号，这极可能是我国古文字最原始的形态之一。柳湾墓地文物丰富，从这里我们不难想象到远古时期的柳湾人刀耕火种、狩猎、攀树摘果、烧烤野味、集体歌舞等欢悦场面及令其赖以生存的自然面貌。

从一些出土的文物还可知，原始社会末期，在河湟谷地同时形成了著名的卡约文化，这种类型的文化以1923年首次发现于湟中县云谷川的卡约村得名。卡约文化充分显示了当时人们农牧兼营，过着相对稳定的定居生活。卡约文化的陶器制作更加丰富，有双耳罐、四耳罐、杯、瓮、豆、鬲等，彩绘以赭色为主，花纹丰富多彩，并出现了羊、鹿、狗等动物图纹。

众多古老文化的交替出现，使湟水两岸的历史文化显得古老而灿烂。这些湟水古文化带上到处可见的遗址，留给我们的是一条完整的旅游考察线，从民和核桃庄到乐都柳湾，从互助总寨、大通孙家寨到湟中卡约，只要沿湟水而上，沟汊、台地、土坡上，古文化遗址交错分布，古老的传说如袅袅炊烟，诉说着远古的历史；而潺潺湟水则告诉人们，湟水岸边人类活动从未停止，生生不息。

三

湟水一路走来，把文化的发展节点与历史紧密地联系在一起。作为历史概念的河湟文化，其早期为羌戎文化，应该说，它早期所体现的文化属性带有明显的原始部落文化色彩。其社会组织形式兼有父系氏族社会形态和母系氏族社会形态。其生产方式本因气候变冷由农业经济正急速转向牧业经济。然而在中原农耕文化大量进入，特别是汉民族的迁入后，这种转化停止了，出现了农耕文化与畜牧文化相并存的格局。我们从与夏商周同一时期的羌戎文化的重要文化遗存卡约文化和辛店文化中可以看出，其文化特征所体现的审美情趣已表现出了强烈的地方性。

社会发展进入汉代，赵充国的屯田，使河湟加快了民族融合的步伐。汉族作为移民大规模进入河湟流域，与当地民族进行了生产生活的交流，而东部通道的开通，使河湟成为联系东西的重要交接点。小月氏文化、匈奴文化、鲜卑文化作为新的文化在此扩散、交流、融合，造就了河湟文化的又一鼎盛时期。河湟文化体现出交融与和谐，呈现出渗透性和包容性特征。在这里，每个民族都以其宽大的胸怀和开放的姿态进行情感和文化上的交流和认同。各民族在这块土地上的交往起初是在浅层互动，进而由组织联系进入社会系统，扩展为一种深层次的文化心理互动，这既表达了不同民族的不同需求，又体现了共同需求和共同利益。民族间的交往与渗透，有时是和平的，有时却异常艰辛，有时甚至是民族大迁徙与民族消亡的不幸。但民族和解是主要的，更是大势所趋，他们因共同的需求、共同的利益，最终联结在了一起。河湟地区的民族交往史证明，不同地区的文化模式、价值观念、宗教信仰等相互交流与影响，形成相互的认同和理解，与此同时，通过民族间的交往凝成的不同民族共同的国家意识和对中原文化的情感，维系着逐渐发展起来的内地与高原的联系，维系着国家的统一。

社会相对稳定后，人们的生活沉浸在"日出而作，日落而息"的轨迹之中。历史没有停止前进的步伐，文化也没有停下发展的脚步。但相对中原文明，河湟两岸的文明发展滞后了。为什么中华文明没有在这里进一步发展？或许有许多原因，但我想，正是自然环境和人类需求的增长，文明产生了物理上的溢出效益，河湟人与他们创造的文明一起，顺流而下，从此流向了东方，成就了东方文明。

四

湟水东流，浇灌出了一片片绿洲，也浇灌出了富有地方风情的青海花儿。湟水岸边的每一个民族，不管是汉族、土族，还是回族、撒拉族，他们唱出的那高亢嘹亮、柔婉缠绵、如泣如诉的民歌——"花儿"，是青海地方文化的象征，也是青海最主要的地域特色。

冷峭寒苦的冰雪高原环境严酷，面对清贫的生活，这里的人民选择了以欢乐地吟唱来抒发内心的情感，这是无可非议的，也是生活的必然。艰难的自然条件不能压抑人们对美好生活的追求，他们给口口相传的民歌起了个浪漫的名字——花儿。临寒独开的民歌"花儿"，因为在河湟谷地传唱，所以叫作"河湟花儿"。青海是花儿的故乡，河湟花儿是西北花儿的精魂，最美的花儿是用三江最纯净的源头之水浇灌的圣洁之花。居住在这里的汉、藏、回、土、撒拉等各族人民，无论在田间耕作、山野放牧、外出打工或路途赶车，只要有闲暇时间，都要漫上几句悠扬的花儿。可以说，人人都有一副唱花儿、漫少年的金嗓子。

在青海民间，"花儿"寓意为美丽的姑娘，"少年"专指英俊的小伙子，而"河湟花儿"中大胆吟唱爱情的花儿又被冠以"少年"的名字，所以，青海的民间也把民歌花儿叫作"少年"。人们用花儿歌唱生活，倾吐情爱、褒贬善恶，吟唱时即兴编词出口成曲。因为花儿的歌词多用《诗经》中信手拈来的比兴手法，所以有关学者考证后认为，花儿是《诗经》的别体衍生。河湟一带是多民族聚居的地方，世居青海高原的汉、藏、回、土、撒拉、蒙古等民族都会唱花儿，他们在传承中给花儿融入了各民族的文化元素，形成青海花儿独特的风格——既委婉动听又粗犷豪放。在我的感觉里是"此曲只应天上有，人间能得几回闻"。

每到夏季，盛况空前的花儿会就在青海各地相继开始。届时，河湟地区山花烂漫、山清水秀，身着各民族盛装的人们熙熙攘攘，欲献绝技的歌手摩肩接踵，嘹亮的歌声此起彼伏，漫山遍野成了花儿的海洋，的确令人神往。歌手们携情侣、带酒食，三五成群，边饮美酒边赛歌，歌声传遍四野，气氛热烈至极。西宁凤凰山花儿会、民和县峡门花儿会、乐都县瞿昙寺花儿会、互助县五峰山花儿会、大通县六月六的老爷山花儿会，类似狂欢的歌会、舞会一浪高过一浪，直到耀眼的金色染黄了丰收的田野……

花儿是青海人生活中的一部分，正如一首花儿里唱的，"花儿本是心上的话，不唱时由不得个家；刀刀拿来了头割下，不死时就这个唱法"。青海人生活中的欢乐、苦难、愿望、理想和风俗传说都能在花儿中得到尽情的宣泄。

过去花儿被视为野曲，难登大雅之堂，如今随着社会的发展，花儿也走上了舞台和各路民歌一争高下。2009年，在广泛搜集整理各种民间花儿素材的基础上，青海省文化厅与北京成桥文化传播公司合作，运用现代艺术手段，精心创作编排了花儿音乐剧——《雪白的鸽子》，并在西宁、兰州、银川、北京、上海等大城市剧院公演，使流传于青海等西部地区的民族民间歌曲花儿首次以音乐剧的形式登上现代舞台。自此花儿的魅力走出了高原。

五

行走在湟水岸边，留给人们印象最深的恐怕还要属面片和拉面。面片和拉面是湟水岸边最具特色的地方风味小吃，也是湟水带给人们的最艰难的乡村记忆。但凡是个青海人一说起面片的好，个个眉飞色舞，赞叹声里和着下咽的涎水声。直到今天面片和拉面仍然是青海各地人们最主要的吃食。因为具有明显的地方特色，面片和拉面伴随着湟水东流流到了大城市的餐桌上，成为离乡的游子对家乡深深的眷恋。

在农村生活很苦，农活全靠人力，山里的乡亲父老们每天趴在土里拾掇那几亩薄田。清早起来吃几个洋芋蛋蛋，提上馍馍袋袋夹上铁锹就出门了，中午一般不回家吃，就在地头上凑合一顿，吃上点馍馍、喝两口带来的熬茶就算解决了午饭问题，到了后晌，筋困骨乏，吃喝全无，再也无心"恋战"，饿得前胸贴后背，全指望家里婆娘做的一顿"疙瘩面片"。男人们回家，进门后铁锹往门背后一靠，也没有洗手的习惯，往炕角头盘腿一坐就待婆娘娃娃把饭端，"呼哧噗噜"一顿，那农村里揪得不算薄的面片用来填饱壮劳力的胃口还是十分适合的，两碗面片下肚，往后一靠，装上一瓶旱烟，那确实舒坦，人间天伦也不过如此。

其实面片是青海乃至西北地区人民最喜爱也最普及的一种面食，青海人称为"尕面片"。"尕"是方言，是小的意思，也含有爱称的意味。面片的做法多种多样。一般是先将面调揉好，或切成短条，或者先团成饼状，待下锅时再切成短条，锅里煮好相应的蔬菜、肉等，之后两手将短条面压开，拉长，一手拿面条，一手揪成方块下到锅里。面片的做法有讲究和简单之分，一般来说，家中讲究一些，要求下得小薄匀，味道好；而在野外，由于条件所限，就简单一些。搞副业、做生意的，在茫茫草原或漫漫旅途中，三块石头一放，上面支起一口锅，随便在盆、锅里调上面，一边揪一边下，煮熟能吃就行。这就是人们常说的"三叉石头一顶锅"。所下的面片有时是一块一块的，因而又叫"疙瘩面片"。不论怎样艰苦的条件，只要有锅有面有水，不要刀不要板子，青海人就能揪上面片美餐一顿。

在青海不论男女，一般都是下面片的好手。那手底下，面片如秋天的树叶一样，纷纷而落，一会儿，一大锅面片就下好了。当然，揪得好的面片如手指甲那么大，薄而匀称，叫作"指甲面片""雀儿舌头"。揪得差的面片大而厚，并且大小薄厚不一，形状也不正规，人们讥之为"拦嘴面皮"，意思是面片大得放不进嘴里。由于混放的蔬菜、肉类等不同，面片还有多种风味各异的品种。高原上气候寒冷，过去冬天没有新鲜蔬菜，面皮下好后，打上几个鸡蛋，就是最地道的"鸡蛋面片"。有条件的放上点羊肉，羊肉味特浓，就叫作"羊肉面片"。乡里还有一种面片叫擀面片，和面擀面的基本操作与手擀面的程序相差无几——用擀面杖把面擀薄，再切成宽条后揪到锅里——这种擀面片不同于炒面片和疙瘩面片的筋道，却是薄嫩绵软的，配肉丁、萝卜、青菜等做成汤面，不稠不稀、有汤有水，特别适合老人小孩吃，食后便于消化，在农村把吃饭叫"喝汤"，大概也源于此。

今天当你穿行在湟水岸边的崇山峻岭间，不经意间就会看见路边的面片馆，这些店给行驶在荒原大地上的司机乘客提供了休息的场所。这里的馆子还有免费的奶茶供应，浓郁味重。望着远处的山色，喝几碗奶茶，吃上一顿面片、手抓，再翻山，一路上飘香的油菜花和起伏的青稞伴随着飘浮的白云，别有一番风味。出门在外，我才知道面片对青海人来说究竟意味着什么，我知道面片会是每一个青海人、每一个在湟水岸边生长的人最深的记忆，永远也忘不掉。现如今面片已走出了大山，成了城市街道里最有名的吃食，受到人们的青睐。

六

湟水东流在崇山峻岭间，蜿蜒盘旋，滋润着两岸的土地，也改变着这里的地貌，独特的丹霞地貌展示着青藏高原的雄浑与伟大。独特的地貌和原始森林植被使湟水沿岸形成了别具一格的风景旅游区。森林地质公园就是点缀其间的绿色飘带。这里是全省森林覆盖率最高的地区，在这片狭长的区域内，坐落着互助北山国家森林公园、尖扎坎布拉国家森林公园、循化孟达国家森林公园三座国家级的森林公园，森林覆盖面积超过了数百平方公里。

互助北山国家森林公园不仅是我省境内保存最完好的天然森林资源之一，也是全国保护母亲河行动生态教育基地之一。互助北山国家森林公园内分布分布的植物近千种，各类野生动物达190余种。由于气候、海拔和地理位置的缘故，这一地区的天然林区具有明显的垂直分布带，针叶林、阔叶林与高山灌丛、高山草甸等共同构建了森林景观的多样性，是青海境内自然生态体系最完好的区域之一，互助北山因此被誉为青海高原上的"植物王国"和"天然动物园"，每年有大量游人涌入北山旅游观光。不禁会让我思考——人类过多的干扰会不会对北山的生物多样性产生破坏呢？

坎布拉，又是一个诱人的风景区，它以奇特的丹霞地貌景观、浓郁的宗教气息、现代化的水电人工湖为主要景观。湟水两边的山脉逶迤而挺拔，破碎的砂砾岩、页岩经岁月无尽的风蚀，有的呈现出独特的丹霞地貌，像古堡、像老人。坎布拉森林地质公园的丹霞地貌多以奇峰、方山、洞穴、峭壁为主要特征，有的山体如柱、如塔、如城堡，陡峭直立，蔚为壮观；小尺度的地貌造型酷似巨人、猛兽，千奇百怪，栩栩如生，有神工鬼斧之妙。坎布拉风景区是集森林公园、典型的丹霞地貌、大型现代化电站、宗教文化、民族风情于一体的旅游胜地，湖光山色相映成趣，宗教民风相得益彰，是旅游度假的好地方。

被誉为"青海高原西双版纳"之称的天然风景名胜区——孟达自然保护区，位于黄河南岸。这里地理位置独特，植物区系成分复杂，是青藏高原的天然野生植物园。区内遍布着云杉、冷杉、金银花、红杜鹃、八仙花、珍珠海、太白红杉、桃儿七、羽叶丁香等名贵野生植物，还有人参、三七、贝母等名贵药材。在孟达山区，由于第四纪冰川运动而形成的冰川湖天池，碧波荡漾，引人入胜。而山下黄河大峡谷风光，则雄浑壮观，气势不凡……

　　湟水东流，不仅给了人们生存的家园，也把大自然的神奇活灵活现地展现在世人面前，使人们惊叹，也使人们觉醒，人能改造世界，但改变不了自然。人与自然和谐相处才是世界最永恒的真理。

七

　　熟悉历史的人都知道，在湟水的哺育下，河谷地带至少在宋代以前到处是草木丛生、绿树成荫的。北宋李远在《青唐录》中描述当时湟水流域是"宗河（湟水）行其中，夹岸皆羌人居，间以松篁（篁概指灌木也），宛如荆楚（江南地区）。羌人多筑物而居，激流而碾（水磨）"。由此看来，这儿曾经是人们生存的乐园，鸟语花香、草木茂盛、流水潺潺。然而近些年人们过度的索取使这里的生存环境一步步恶化，许多地方成了"拉羊皮不沾草"的地方。这是大自然对人们破坏生态平衡的惩罚。

　　洪水，就是大自然的呐喊。在民和县喇家遗址发现的洪水和地震灾害遗迹，见证了四千年前河湟地区发生的惊天动地的自然灾害。突如其来的洪水比猛兽还暴虐，摧毁了房子，埋住了房中的十余人，这些作求生状的人骨遗骸令人触目惊心。更令人揪心的，是看到一位母亲将幼儿掩在身下，母亲那只紧紧搂住幼儿的手让我始终不能忘记，那只想保住幼儿生命的手，那只最强烈地表现出母爱的手。我们在喇家遗址还见到了地震后地中裂开的深沟，像被蛮力撕开的大地的胸膛。天崩地裂、洪水肆虐的大浩劫，使成千上万人家破人亡、流离失所。这让我对人类文明进程与自然生态的关系产生了反思。为了生活，人们不停地砍伐森林，不停地索取。成群的牲畜，大片大片地啃啮着草原。用水量百倍千倍地增长，提供江河水源的雪山，雪线不断提升。加上放火烧荒、山火毁林、毁林开荒……一年又一年，人类愈来愈异化大自然，难道大自然就不会抽搐一下，皱一皱眉？

　　一条湟水河，在诉说着历史，也在诉说着生活的本身。东流的水啊，将一去不复返。历史已远去，而文化还在，精神还在。面对过去与未来，或许我们需要认真地思考，但我们的生活还将在湟水岸边生生不息……

静谧的牧场

　　农历六月初九，适逢加定扎隆沟跑马会，我随同驴友来到与扎隆沟景区一山之隔的元隆沟，徒步旅行，在感受激情、热烈的跑马盛会的同时，也领略了元隆沟高山峡谷秀美的景色。我们的车到扎隆沟跑马会现场时已是人山人海，路边各路商贾争相吆喝，吸引顾客，商品琳琅满目、应有尽有。如今信息畅通了，公路宽敞了，四方游客慕名而来，或做生意，或游览景区，或参加跑马，一向寂静的山谷瞬间沸腾了。婀娜多姿的藏族姑娘也穿上了节日的盛装，骄傲地展示着青春的靓丽，为大山深处的扎隆沟增添了一分别样的人文风景。我无暇顾及这些，我的目光关注着这里的人、这里的景、这里的情。

　　品味赛马盛会，感悟一个民族遥远的过去，让人不禁陷入沉思，藏民族本身就是一个马上民族，藏族男儿英勇、彪悍，多少年来，他们在广袤的草原上放牧，雪山、草地就是他们的家园，牛羊走到哪儿，哪儿就是他们的家，马是他们生活中最为重要的伙伴，可以说他们的家是驮在马背上的，他们的生活怎么能离开马。如今，社会发展了，生活条件好转了，好多家庭都过上了定居生活，马离他们的生活似乎越来越远。从马背的动荡到田园的宁静，他们深深眷恋着与马为伴的生活，虽然马离他们的生活越来越远，但他们对马的感情却与日俱增，成了他们精神生活的一部分。这也许是跑马会一年比一年隆重的原因。

　　还在回味跑马会的前世今生时，我们已步行进入了元隆沟中，满眼的绿啊，真是醉了忙碌荒芜的心。细细体味清新、湿润的空气，心情激荡。游龙般的高山峡谷，山川壮丽、险峰耸立、两岸陡峭、峡谷幽深，较少的人为景观，典型的原生态。在峡谷中穿行，山高林密，山阴中、树丛下，飞泉漱鸣玉，溪涧泠泠淙淙，飞鸟不时滑过山际，留下一路的怅惘。这是一片美得让人窒息的地方，山上绿树环绕，山涧溪流淙淙，地上山花烂漫、争奇斗艳，碧绿的草地荡漾着山里的情歌，翠绿的松柏挺拔着千年的传奇，怒放的野花绽放着生命的豪迈，一切如在画中，画家的笔行走在这儿，恐怕也难以定夺究竟哪个才是主题。不得不说，夏天是属于青海的。

　　这些年，旅游成了一个热门话题。随着人们生活水平的日益提高，人们对名山大川的渴望越来越强烈，旅游成为家庭生活不可或缺的一部分。组团游、自驾游、结伴游、徒步游，各种旅游方式给人们的生活增添了光彩。茶余饭后，旅游成了人们的谈资。应该说，人们生活观念的转变是好事，享受生活、快乐生活是我们所追求的，我们不能被生活所拖累。如今，历史的车轮走过了几十个世纪的更替，社会的变迁挣脱了发展的桎梏，和平、和谐、和睦，团结、友爱、互助成了生活的主旋律，现代化的生产生活方式解放了劳动的双手，人们有了更多的时间去支配自己的生活，走进自然成了人们的不二选择。

　　我对自然向来是感恩的，母亲就是在田地里用孱弱的肩膀扛出了我们兄妹四人的未来。一粒粮、一滴油，母亲扒拉着，支撑起了我们的生活，又算计着给我们付了学费、交了生活费。几亩田地就是我们生活的依靠。丰收的田野就是我们生活的希望。我们应该感恩，感恩这片田地，感恩养育我的家乡。我对自然也是敬畏的，大自然给了人类生活的一切，她以她的宽宏、她的无私，养育着生活在这片土地上所有的生命，我们没有理由不去敬畏她。

　　今天，走进位于北山森林公园扎隆沟景区里这片并不为人所熟知的元隆沟林区时，我折服于这里诱人的景色，苍松翠叠，曲径通幽，天蓝得透彻，云白得纯粹，树绿得盎然，草长得茂盛，花开得美艳，水清得见底。一路上，我们行走在林荫间，脚下的小草争着把鲜嫩的枝叶伸向阳光，溪流潺潺地流淌着，用自然的乳汁哺育着蓬勃的生命。微风吹来，一分清凉夹杂着青草的香味，夹杂着泥土的气息，还有清泉的清香，让人不由得大口吮吸。纯天然的氧吧，药水清泉，还有什么让人不留恋的呢？严格意义上说，这里并不是牧场，这里是林区，是扎隆沟天然林景区的一部分，也是药水神泉的发祥地。这里的水在矿物岩石间流淌，在各种奇花异草间穿行，每一滴都富含矿物质和草药成分，掬一捧，饮入口中，清凉透彻，沁人心脾，浑身立马清爽了许多。我之所以用牧场为题，着实是因为这里的人们以放牧为生，他们在放牧过程中逐渐感知、逐渐了解、逐渐融入了这方原野。沟壑纵横，地形复杂，峰峦叠嶂，山泉密布，云蒸雾绕，林海浩荡，神奇秀丽的自然山水就是他们的牧场，是他们的家园。

　　该反省反省自己了，相对于他们，我们无疑就是外来者，我们的到来肯定会打扰他们原本平静的生活，打破自然的宁静，有了我们，还会不会有第二批、第三批，我说不准。

　　我用我的镜头捕捉，捕捉能捕捉到的一切，好想把一切胜景都留在里面，但我发现，那是徒劳的。方寸之间，怎能表达自然的神奇与伟大呢？你的肉眼看得真真切切的风光，却很难将其留在胶片上。草地、山峰、流水、松树、野花，还有蓝天、白云组成的画卷是那样阔大，我能拍下蓝天，却留不住白云，能抓住阳光下的花朵，却留不住悠闲的牛羊，还有永远停不下来的流水，匆匆间，已流走了一半的年华。我发现，我的镜头能捕捉到的是我的感知，这样也好，瞬间的就是永恒的。比如，我用镜头记录下的水转佛经筒，水流的力量，推动了转轮，也推动了佛经筒，祈求着幸福，祈求着吉祥。

　　时光总是短暂，当我还在林中流连忘返时，夕阳的余晖已经映照在红桦林中，一层层卷起的桦树皮如同年轮，层层叠叠，细细地叙写着小草、溪水、松林还有峰林组成的岁月，奔腾的大通河啊，你流淌的是迷失的青春还是动人的传说？此刻，我最真切的感受是：静谧的牧场，绝不是传说！

元甫达坂

雨后，雾还未散尽，正从山谷间悠悠然然地升起，向着山峦，向着天空，向着大地。这个秋天的早晨，达坂山还在一片迷蒙中，仿佛睡眼惺忪的样子。雪线以上，白雪装扮着还在泛绿的达坂山，与晨雾、与秋叶、与达坂、与阳光，勾勒着早晨诗意盎然的图画。应该还有一缕袅袅婷婷的炊烟。但汽车的马达声已经响起，一片宁静就此烟消云散。能够触摸到这宁静祥和那是造化，大自然就是这样变化多端、气象万千。

这是一次行走，远行与穿越交集的行走。
这是一次邂逅，诗情与感动碰撞的邂逅。
这是一个早晨，永远也无法重生的早晨。
这样一个早晨，我走进了元甫沟，
渴望用脚步丈量人生的高度，渴望用诗歌感触情感的波澜。

此行并不仅仅是寻觅元甫沟秋天最美的风光，更重要的是把梦想的脚步踏在这片诗情画意的土壤里，留下一枚浅浅的脚印，供人生的午后回味。

这也是一次选择，挑战与困难同在，我们必然要选择，这选择是自己与自己的斗争，别人永远帮不了你。健康的生活才是美好的明天，而明天我们才能打开尘封的心灵。如果还有机会选择，我会毫不犹豫地选择自然，然后用敬畏的心去感悟大自然的神奇，用真情去享受大自然赐予我们的美好生活，如果可能，还要选择挑战自己，让自己永不懈怠，让精神与意志的力量主导人生的航程。

一

生活中总有不如意的时候，每每自己为生活所累，情感无法宣泄的时候，我就选择去徒步，去爬山，让心灵得到安宁，得到包容。自然界能包容万物，也能包容我的孤独、我的无助，在这里我能感悟到我的存在、我的力量、我的信念，然后才能直面生活中的各种困难。生命在于运动，每当这样理解这样想的时候，我发现我身边参与徒步的人越来越多。几乎是在一夜之间，徒步成为潮流。周末去徒步的车辆几乎排成队，河湟谷地的每一处沟沟岔岔里都留下了行走的足迹，这应该是好事，能够脱离城市钢筋水泥的束缚去亲近自然，说明我们对大自然有了新的认识，这是文明与文化的进步。

文明的进程艰难曲折。从蛮荒到文明人类奋斗了几千年，农耕文明也要追溯到公元前2000年，"日出而作，日入而息，凿井而饮，耕田而食。"随着太阳安然恬静地生活，是中国文明最重要的一部分，至今也还是我们重要的生活形态。然而，高度发达的城市文明打破了这个生活常态，田园梦也被击碎，城市化进程在方便快捷的道路上促使每个人的生活高度密集、高度紧张。于是，回归田园又成时尚。生活在城市，一捧土也是奢望，能亲近自然，徒步和旅游成了不二选择。只是，旅游不知为何也变了味，说是旅游其实就是购物，就是赶路，旅游最大的感受就是某个名胜景点我到过了，再无半点可供记忆的东西。至于自然的神奇、秀丽只容你慢慢回味了，无法亲近。徒步最能亲近自然、愉悦身心，不必细说，每个人都深有体会。这不，单位组织徒步活动，我欣然前往，活动中得个奖什么的是其次，能够融入团队、感受集体的力量、品味自然的秀丽、挑战自我、秀出健康才是最重要的，这也是这次每一个参加活动的人的愿望。一行人漫步在元甫沟的山水间，工作的压力、生活的烦恼荡然无存，大家都感受着景色的优美，运动的快乐。我想每个人都会为这样的活动点赞，都会乐意在这样的活动中展现自我。如果下次还有这样的活动，同行者中十有八九都会说愿意。

行走的过程中，我碰到了很多来徒步野营的驴友，很为他们高兴，他们能放下生活的包袱，在山水间寻找生活的快乐。

二

几乎每一次去北山，都要经过元甫达坂，但走的多了，也就习惯了，好像它就应该是那个样子似的，对它熟视无睹，每次走过都忘了它的存在，就这样错过了身边的风景。其实，元甫达坂有着它的奇，有着它的险，有着它的秀，变幻莫测、气象万千的云海更是这里特有的景观，就看你是否有缘与它一见。

元甫沟位于北山国家地质森林公园西侧，平均海拔在2500~4308米。这里，流水潺潺，云蒸雾蔚，苍松翠柏，绿野如荫，野生植物众多，原始生态保存完整。"元甫"是藏语，意为右面的沟。世代居住在这里的藏族群众和土族群众和睦相处，民风淳朴，他们以游牧为主，保持着游牧民族马背上的生活习惯和风土人情，热爱自然、敬畏自然。他们多少年来一直保持着这里的生态平衡，从没有因为现代文明的脚步而打乱平静的生活。过了威北公路，进入柏木峡，便是元甫达坂景区的一部分，灌木丛生、杜鹃啼鸣，特有的自然生态画廊是北山国家地质森林公园的门户，这里有令人陶醉的达坂红叶，有青草茂盛的高山牧场，有海拔3500米的风雪之库"黄垭豁"，"九曲十回"的十二盘坡犹如一条青龙，蜿蜒盘卧在达坂山上，它的每一个盘路代表一种生肖，因此被当地群众借喻为十二生肖弯。随车行进，极目远眺群峰，峰顶的雪线犹如一条洁白的哈达轻舒缦卷，白桦、红桦、松树、柏树，还有迎雪傲放的红叶，把山峦装扮得分外妖娆，把瑰丽舒展为平淡，把秀奇换成壮阔，诉说着自然界一个又一个传奇。伴随着旅游业的兴起，这里已成为游客向往的天堂、徒步旅行的胜地、自驾游的营盘。元甫沟那浑然天成、清幽安闲之意境，和诗人王维笔下的"空山新雨后，天气晚来秋。明月松间照，清泉石上流"的意境毫无二致。

眷恋山水的我们应该铭记，祁连山下除了牧场还有元甫达坂。我们应该知晓，造物主赋予的秀丽与神奇，是需要我们感怀、需要我们呵护的。我们应该明白，一方水土养育一方人，皑皑达坂就是我们生活的屏障，宽容与豁达、安宁与幸福是我们应有的追求。

三

从元甫沟山路的第一个坡度开始徒步，徒步的过程有坡度有难度，还有我向上的心意，那并不坚定的意志也必须要接受一下考验。抛开体力不说，没有信念，再近的路也会变远。海拔是一个关键词，不仅是山的高度，也是人的高度。转过一道弯是一片风景，跨过一座桥又是一片风景。我惊羡的目光，随着山峰河流起伏，羊群、牦牛群悠然地带给我悠远和舒适，山林葱葱茏茏，景深与层次把一切氤氲在水墨画的仙境中。此刻，留恋与向往并存，留恋脚下的，向往深处的，白云生处、丛林深处有着尘世的爱恋。

这是午后。我专心摄影，没有诗歌的午后有点忧伤。白云生处的人家，释放着生活的气息，生命伟大。融入生活的图腾，这里没有景色。生生不息是主旨，永恒而坚韧。

这是午后，阳光依然明媚，相对于松树，我有些孤单。郁郁葱葱的林区演绎着的不光是生命之歌，还会有爱情之歌，抑或是感人至深的爱的协奏曲。没有男高音，应该还有花儿，花儿才会在这里展现她迷人的魅力，高亢、深沉、悠远。

这是午后，云雾开始迷漫。肆虐的云团遮住了阳光，视力所及之处树枝在颤抖，秋风就这样把秋叶吹得哗哗作响。思维在此刻停滞，徒步的路单纯而缥缈，而行走的路依然漫长。

风雪中
达坂山上的杜鹃开了
盛开的还有诗意盎然的春天

风雨中
高山上的松树绿了
吐绿的还有激情澎湃的夏日

云雾中

达坂山上的树叶红了

染红的还有硕果累累的田野

寒风中

熟悉的风景被白雪覆盖

流淌的河水在萧瑟中呜咽

远去的流水记录着时间的荣光

氤氲的酒香诉说着青稞的麦芒

元甫达坂就在这个午后

定格在岁月的影像里

这个夜晚我就用这样的诗歌记述属于元甫达坂的一天。

油菜飘香的港湾

这是一个花、水、山辉映的静地。

这是一块奇、神、秘集聚的家园。

南门峡，祁连山下的一片净土，油菜飘香的地方。缭绕的香烟，静静地诉说着这片神奇土地曾经的往事。燕麦川、牧马营一个个经典的故事，给这片平实的土地增添了几许神秘。而今天，这里已经成了互助县的粮仓、高原现代农业示范园区、旅游的胜地。碧绿的青稞、飘香的油菜、翻滚的麦浪、成片的土豆，还有那高峡平湖让游人流连忘返，更有文人骚客不时在这里留下墨宝，南门峡已成为人们向往的胜地。

不知从什么时候开始，我喜欢上了南门峡，喜欢上了这片有山、有水、有花、有灵气的地方，尤其是七月，当油菜花儿开满了却藏滩，开满了整个燕麦川的时候，我觉得，七月，我和南门峡有个约定，和油菜花有个约定。这份约定牵动着我，牵动着每一个热爱生活的人。

一

盛产青稞、油菜，素有"互助粮仓"的互助土族自治县南门峡镇，位于祁连山脉东段南麓，互助县威远镇西北部，距县城20公里。这里松柏常青，气候宜人，聚居着汉、藏、蒙、土、回等多个民族的人民。高原明珠南门峡水库于1973年开工兴建，1985年建成，库区周围风景优美，湖面碧波荡漾，水鸟翔集，游艇穿梭。蓝天、白云、青山、森林、草地、油菜花交相辉映，如一幅层次分明、格调清雅的山水画。南门峡因水库驰名，也因水库而独具特色。

由于南门峡平均海拔在2700米以上，属纯脑山地区，海拔高、气候凉，无霜期短且多雨雪和霜冻。这里曾经是最大的青稞生产基地，成片的青稞是人们生活的主要依靠，也因为青稞，这里留下了许多动人的传说。青海青稞酒有限责任公司生产的青稞酒主要原料就来自南门峡，如今青稞酒享誉省内外，互助牌青稞酒成为中华老字号驰名商标，青稞酒远销国内外，互助、南门峡也因为青稞、青稞酒而成为人们向往的胜地。但南门峡不仅有青稞，还有夺人眼球的油菜花。

说起油菜花，不能不说油菜。油菜也称为"芸苔子"，是草本十字花科作物，是青藏高原主要的油料作物和蜜源作物，其籽粒是制浸油脂的主要品种之一。油菜的栽培遍及全国，分为冬油菜和春油菜两种。中国南方长江流域各省，冬季冷凉、春季温暖湿润，适宜种植冬油菜，冬油菜在秋季播种春末收获。春油菜对低温要求不严格，能春夏播种、夏秋收获，欧洲北部、北美加拿大以及中国东北、西北、青藏高原等地多种植春油菜。油菜栽培历史悠久，中国和印度是世界上栽培油菜历史最悠久的国家。在距今八千二百年前的中国甘肃秦安大地湾一期遗址F374号房基西南角下面，就发现了已碳化的粮食作物黍和油菜籽的残骸；从中国陕西省西安半坡文化遗址中发现的油菜籽或白菜籽，也距今有六七千年了。油菜的起源地一般认为有两个：亚洲和欧洲地中海地区。亚洲是白菜型油菜的起源中心；欧洲地中海地区是甘蓝型油菜的起源中心。芥菜型油菜是多源发生的，中国是其原产地之一。

中国古代油菜称"芸苔"，东汉服虔者《通俗文》中，"芸薹（苔）谓之胡菜"。最早种植在当时的"胡""羌""陇""氐"等地，即青海、甘肃、新疆、内蒙古一带，其后逐步在黄河流域发展，以后传播到长江流域一带被广为种植。历史上栽培的都是白菜型和芥菜型油菜。20世纪50年代油菜在长江流域推广，并以白菜型油菜为基础逐渐培育出大批早、中熟高产甘蓝型品种。20世纪70年代初，甘蓝型油菜被引入黄淮地区，由于具有较好的丰产性和抗逆性，被大范围推广于北方冬油菜区，因此互助南门峡、边滩、丹麻等地大都种植的是甘蓝型油菜。

南门峡属寒温带大陆性气候，年平均气温0℃上下，冬季低温月平均气温−13.5℃，夏季高温月平均气温11.4℃。土壤至五月才逐渐解冻，十月就开始封冻，一年中作物生长时间极短。南门峡一带作物的生长旺盛时期，主要集中于六、七、八三个月内。最初，这里种植的是主要是小油菜，小油菜喜欢冷凉湿润气候，并具有较强的耐寒性，能自给自足，是庄户人家最主要的油料作物和经济来源。其中青油二号是小油菜特色品种，具有花期长、花色艳、出油率高的特点。2000年前后，南门峡七塔尔一带试种杂交油菜取得成功，大大提高了油菜的产量，油菜种植面积迅速扩大。目前，全镇油菜种植面积达到5万多亩，占总耕地面积的70%，油菜已成为南门峡人最主要的经济作物，成为南门峡人致富增收的主要渠道。随着油菜种植面积的逐步扩大，盛开的油菜花和这里的山、水、林融为一体，组成一幅风景优美的夏日图画。

世世代代居住在这里的南门峡人没有料到，盛开的油菜花带给他们丰收喜悦的同时，装扮了他们的生活，也引来了游客，往日寂静的峡谷，因为油菜花而不再平静。

二

　　油菜是一种很寻常的经济作物，花形并不出众，单株也平淡无奇，而当千朵万朵汇成一片耀眼的花海，与浩渺的蓝天、广袤的大地、碧波的湖水相映衬时，却有着神奇、博大和壮观的美。

　　每年七月中旬，南门峡进入盛花期，整个却藏滩被金灿灿的油菜花所渲染，平川里成片的油菜地一望无际，和这里的山水浑然成一体。油菜花开花的时间一般是七月五日至二十五日，但最佳花期是七月十日至二十日。这个时间，只要我们走进那美丽的峡谷，呈现在眼前的便是金黄色的花海。站在峡口的大坝上放眼望去，金黄的花朵簇拥成海，清香四溢；黄的是花，绿的是枝干，还有在花瓣上飞来飞去的蝴蝶和蜜蜂；偶尔有穿着花裙子的女孩走进油菜地里拍照片，她们或弯腰、或站立、或低头亲吻花瓣；在广袤的菜花地上，蜜蜂和女孩的身影给油菜花增添了几分靓丽的色彩。此时，一块块油菜花田如同一幅幅黄色织锦，镶嵌在青山绿水之间——那么壮观，那么绚丽，那么耀眼，那么迷人！金色的波浪在微风里起伏，似乎能听到欣喜的涛声。这真是人世间的奇迹，这花儿美得炫目，美得让我们无法靠近。这时，你会忘记回家的路，也会忘记自己的故乡，唯一能做的只是将心交给金灿灿的花海，在花海中享受心灵的美和大自然的真谛。

　　我是在农村长大的，于我而言，油菜花并不陌生。儿时，和小伙伴们在油菜田里玩捉迷藏，没觉得油菜花有什么美。那整片整片的金黄我熟视无睹，在我的脑海里，山里本就该是金黄的一片，似乎不是油菜花在装扮大地，而是大地在恩泽那片油菜地。因此我记忆中的烂漫与绚丽并不是属于这片油菜花的。但我知道那是庄稼人食用油和零花钱的来源，庄稼人看重的不是花的美丽，而是看重花期过后所结菜籽的多少和含油量的高低，那是他们一年的期盼啊！被当成庄稼来种的油菜花从来不尊贵，油菜花在文人的眼里，是灿烂的田野，或者是精神的田园；而在农民兄弟看来，油菜花就是一种会开黄花、菜籽能榨油的农作物罢了。他们从未想过这盛开的油菜花还可以"挣钱"。开放的年代，商品经济的大潮不断冲击着人们的传统观念，更在不断改变着人们的生活方式。质朴的南门峡人没能想到，远离繁华都市的穷乡僻壤会因他们世代仰仗、习以为常的农作物而引来山外游客为此狂热。

站在南门峡水库大坝上，眺望着群山环抱中的山川，我不由沉思。这梦幻般的油菜花，带给我们的何止是美的盛宴，何止是真金白银？她更给了我们一种依恋、一种宁静、一种挥之不去的亲情，给了我们心灵的慰藉！我陶醉在这片金色的花海中，露出会心的微笑，将美丽的景色定格成永远的回忆。时光短暂，随着飘落的秋叶，油菜花也结束她生命中最灿烂的时光走向凋零，也许油菜花凋零就在不远的某个清晨。世事就是这样无常，大自然给予油菜花绚丽的色彩、惹人的姿态，让油菜花一夜之间怒放，又一夜之间凋零。就如我们的生活，就如南门峡的宁静，南门峡会永远宁静下去吗？

三

"一粒种子改变一个世界"，生活在这里的人们已经离不开油菜，油菜已成了南门峡人收入的主要来源。春季人们忙于送肥、耕地，为的是种好油菜。夏季田野里三五成群的姑娘媳妇们为油菜松土、除草、施追肥，秋季是油菜收获的季节，是人们最繁忙的季节，也是最欢心的季节。大家拿起镰刀在一眼望不到边的油菜地里来回忙碌，看到那沉甸甸的油菜角果，你追我赶似的干起来，好像有使不完的力气。收获后的油菜籽，是人们手中的宝。一部分被"油老板"收起，运到了天南海北，一部分被榨成青油，成为人们生活不可或缺的食用油。每到收获的日子来到南门峡，你不论走到哪个村庄都能听到榨油机轰轰的马达声，嗅到菜籽油独特的阵阵香味，真有"村村有油坊，家家飘油香"的架势。

油菜浑身是宝，油菜籽含油量高，是加工烹调油的理想原料，除加工成烹调油外，还可加工成色拉油、人造黄油、氧化油、起酥油、食用脂肪等高档食用品，也可用于医药产品、化妆品等工业。油菜籽榨油后的麻渣（油饼），粗蛋白质含量在36%~38%，粗蛋白中含有多种氨基酸，是饲养反刍家畜的优质蛋白饲料配料，还是优质、高效的有机肥料和土壤改良剂，近年来被栽培绿色蔬菜和有机蔬菜的商家所青睐。丰收后的南门峡不会闲着，油菜花谢了，但围绕着油菜花的故事还没有完。

四

伴随着盛开的油菜花，高原特色生态农业示范园区落户美丽的土乡，南门峡成了最重要的示范基地。高原怒放的油菜花将会注入科技的力量，把南门峡这片山、水、林一体的世外桃源装扮得更美。

日复一日，年复一年，南门峡的风景依旧，金黄的油菜花依旧，但憨厚的南门峡人已经觉醒。2012年7月，他们成功举办了首届油菜花暨音乐文化艺术节。沉寂了百年的南门峡，在一曲曲美妙的旋律中惊醒，歌声回荡在峡谷之间，伴随着南门峡清澈的水流，流向远方，流入人们心扉。

磨尔沟午后的阳光

车行至磨尔沟已是午后，阳光洒在头顶，南门峡碧波荡漾，水面泛起的波光，映照着峡口的悬崖，也映照着磨尔沟青翠的山林。波光粼粼的湖面不时吹来一阵清风，为午后的磨尔沟带来阵阵清凉。彼时，磨尔沟已是游人如织，由东西部协作无锡新吴区支持援建的磨尔沟旅游接待中心内人头攒动，车辆如梭。这使南门峡又一次展现出欣欣向荣之势。

庚子初秋，应南门峡国家湿地公园保护中心之约，县作家协会组织开展"保护湿地，走进南门峡湿地公园"主题采风活动，旨在用手中的笔宣传湿地公园的建立，呼吁人们建立生态理念，保护湿地，保护我们赖以生存的家园。8月8日采风团一行32人走进湿地公园，军旅作家祁建青、乡土作家王海燕、河湟作家李明华等省、市级作家的到来更让秋日的南门峡倍感荣光。天高气爽、花团锦簇、人声鼎沸是此时南门峡最真实的写照，磨尔沟午后的阳光更是照得人心里暖洋洋。

同为互助人，对于南门峡我并不陌生，每每与家中老人谈及南门峡，首先就会谈到全县人民大会战，出工出力，同心协力修建南门峡大坝的盛况。在机械并不发达的当时，人拉肩扛就是最直接的动力，也是人们建设家园最真实的情感。一座水库就饱含着全县人民对生活的美好向往。2014年，我参与了由《中国土族》杂志总编解生才担任主编的《发现南门峡》一书的编写工作，该书的编辑出版，蕴含着解主编的热血，也是世人发现南门峡最真切的体现。我曾写了一篇题为《留在南门峡的脚印》的散文编入其中，其时已对南门峡有着深深的眷恋，可以说，我文字的情感就寄托在南门峡的山山水水里。

南门峡是祁连山南麓达坂山脚下暖湿气流相交相融的一处幽静之地，四面环山，因在峡口之南修建涵养水源，养育百姓的水库大坝而得名。这里地处青藏高原与黄土高原交错嵌接地带，具有两大高原的自然特点，地势起伏，北高南低，高低悬殊。雪山、沼泽、河流、湖泊、森林、蓝天、白云交相辉映，组成高原独有的风光，南门峡水库、南门峡河则如丝带般串联起这原生态的自然景观。2019年这里建立起国家湿地公园，成为令游客向往，集湿地保护、动植物集聚、地质地貌生态旅游为一体的国家湿地公园。湿地公园自然风光旖旎，5月份就进入旅游的黄金季节，雪山峡谷、河流蜿蜒、草长莺飞、鱼游河底、油菜芬芳、青稞吐穗，这是高原独有的景色。

在湿地公园管理保护中心展示大厅内，工作人员向我们详细介绍了公园内的地质地貌、动植物资源、地理特征、气候特征以及丰富的旅游资源和人文资源。管理中心建立了动态管理监测网络，通过北斗卫星监测系统实时监测公园内的一草一木、一鸟一鱼。动物活动、植物生长、气候变化、河流动态等都以图像、图表的形式展示得一清二楚。湿地的风貌在这里展示得一览无余，在相信科技强大的同时，我更感慨大自然的神奇、造物主的伟大。正是因为有了自然的伟大，才给了人们无穷的想象力和无尽的创造力。自然创造了神奇，人们创造了伟大，两者和谐的相处，造就了天人合一的境界。

经管理中心工作人员介绍得知，湿地公园规划面积达1271.31

公顷，其中河流湿地786.76公顷，沼泽湿地87.68公顷，人工湿地118.50公顷。规划区内有森林植被、灌丛草甸植被和干旱草原植被，动植物资源丰富，有国家一级保护动物黑鹳、胡秃鹫，国家二级保护动物林麝、岩羊、蓝马鸡等。随着湿地公园的建立，生态环境越来越好，各类候鸟也选择在这里安家。在展厅实时监控图像中，清晰地看见一只黑鹳在北岸入水口的湿地中悠闲地踱步，它体态优美，脖颈细长，嘴长而粗，嘴和脚红色。全身黑色的羽毛，优雅的身姿仿如骄傲的公主在河边漫步。一群赤麻鸭则在水中嬉戏、啄食，偶有黑鸢、渔鸥在镜头前飞来飞去。一幅和美的山水画卷。

观鸟台就在磨尔沟村前的河岸边上，景区工作人员为我们架好了高倍望远镜，我在镜中又一次看见了水边骄傲的公主，也看见无忧无虑的鸟儿时而在水中荡漾，时而在空中飞舞。这是它们生存与生活的家园，它们带给我们的不仅仅是生态美的画卷，更应该是我们对于如何保护自己赖以生存的家园、环境和自然的深重思考。人类只是自然界的一部分，不是全部，更不是主宰，我们只有顺应自然、保护自然、利用自然，才能更好地生活在这颗星球上，才能有更和谐美好的未来。

已是午后，阳光正暖，我们走进了磨尔沟生态智慧露营体验中心，去感受这里的山、这里的水、这里的人。相对于城市的嘈杂繁忙，南门峡磨尔沟村却因为秋色平添了一分静谧与悠远。峰峦叠嶂的大山间苍松挺拔，桦树成林，脚下的南门峡水库把山间的秋景倒映在镜子一样的水面上，碧水蓝天间一曲秋天的奏鸣曲正在奏响。村支部书记王宝军向我们介绍，在省文化旅游厅的帮助和互助县委、县政府的全力支持下，共争取基础设施项目建设和旅游扶贫项目建设资金1860万元，修建完成游客服务中心、游步栈道、木质景观、青绣工坊、农事体验园区、高空滑索、惊险玻璃栈道等游娱设施;争取水厕改造项目278个;安全住房(危房)改造276套;河道景观综合治理5处。以旅游业作为产业发展的突破口,带动特色种植和养殖业的发展,最终将南门峡磨尔沟村建成集田园风情、生态休闲、民俗文化、智慧体验旅游为一体的乡村旅游景点,也为海东乡村旅游带来新亮点。从花海森林、木屋栈道、高空娱乐项目、智慧露营基地到秋景观赏,游客络绎不绝,除了本地游客,还有不少慕名前来的外地游客。

是夜,远道而来的作家朋友们,把酒言欢,和村民一道办起了象征丰收与喜悦的篝火晚会;几位诗人朋友,则在智慧露营基地即兴朗诵诗歌,他们说要用诗歌尽情挥霍这个南门峡的夜晚;而我在想,磨尔沟午后的阳光多么温暖,温暖得让我忘掉了一切烦恼。

磨砺岁月

岁月滚滚，时光荏苒。尘封往昔的文字，遗落下片片絮语。已经说好不再回忆，已经许诺不再想念，我们在岁月的道路上踽踽前行。

有时候，真的希望时光小驻，哪怕是一分一秒也好，可以让匆匆远行的你我，安下乏累的心神。静静回首来时，看一看山水相连，听一听蝉语鸟鸣，嗅一嗅花繁叶茂。它们或许带来的是曾经的问候……

不知你是否和我一样恋旧，喜欢徜徉在回忆中。前行的路总是迷茫，唯有让人生的这叶孤舟，随波逐流。

走过的风景，已在身后。曾经的容颜，只剩下沧桑。美好的回忆，多了一片苍白。曾无数次想起一片叶的寂寞，飘落在青春渡口，你我路过，却忘了拾遗，不知它是否仍安躺于时光的梦里，静静等待。

再次迎来夏日的花团锦簇，路途中多了一位旅人，望尽天涯路。同在旅途，同病相怜。但我们可能不是同一个方向，同一个目标。人各有志，于我唯有向前才是志向。我说，我们在时光的隧道里各自前行。

日复一日，年复一年，追逐的脚步越来越快，心底的怀恋却愈发淡漠，曾经为青葱、悔恨、离别写的诗，也早已安躺于岁月的底层，渐渐被主人遗忘，而诗中情影亦早成过客，不知去往何方，进入了何人的殿堂。十几年的光阴，足够长；再深的岁月，也终会被抹平；再长的河流，也总会归附大海；再浓醇的茶，也终会无味……

有关回忆的伤痕和痛处，早已轻如浮云，偶然回忆起，更多是为了纪念，铭记曾经犯下的错，教会以后的人生，更加坚强，如此而已，简单、清晰。昨夜风雨又来，窗外树木倾斜，绿草滴泣，或是雨水不尽灵动了万物，更打湿了心情，一个远去的故友，竟在午夜发来信息，奉上了一段自己曾经遗落的文字。

在风雨又来时，文字再现，可梦却杳无音信。落梅持风骨，秋水化文章，那是心赋山林、情归溪月的纯粹；那是时光不老、岁月不离的轻叹，但落花只有一瓣，雪输其香，亦逊其白。

人在尘世永远放不下世俗的烟火，永远猜不透人生的别离。留下一些只言片语的文字之后，我依然是我，生活依然如昨。曾经写下的随笔，在岁月的消磨中，逐渐褪去了多彩的颜色，如主人的心情一般，苍白无华。案头的纸笺平整如初，没有勾勒一个字符，懒惰的心早已布满灰尘，笔端无法描摹璀璨的年华。

惊醒自己的堕落源自对文字的执着。生活如此，描摹一季的斑斓是我对文字的许诺。走自己的路，磨砺岁月，回归田野，总会有月明风清的夜晚；总会有天高云淡的旷野……

草原放歌

接到省作协参加"扎根沃土、笔耕高原"青海作家深入生活，扎根人民主题黄南州小分队的通知时，我头脑中掠过的第一印象便是这是一片金色的河谷，这里孕育着浓郁的地方民族文化。这片沃土上有着厚重的文化基础，在这里，我们必将接受文化的洗礼。怀揣着一颗敬畏之心，我踏上了南行之路。

隆务河畔

隆务河自黄南山地的夏日德山发源，流经泽库、隆务、尖扎，在麦秀山区逶迤蜿蜒，先后接纳马科曲、扎毛曲等众多河流，一路汹涌，在尖扎县昂拉汇入黄河，把幸福带给了河畔的各族儿女，滋润涵养着黄河南岸的这片热土，也滋养着经久不衰的热贡艺术文化，熠熠生辉。隆务河因流经隆务镇而得名。隆务镇是同仁市府所在地，也是黄南州府所在地。隆务镇平均海拔2400米，属河谷川地，气候相对湿润暖和。这里是以唐卡、堆绣、雕塑为主的热贡艺术的发祥地，是一个多民族聚居的地区，有藏族、土族、回族、撒拉族、保安族、蒙古族等多个民族。隆务镇位于青藏高原与黄土高原的结合部，是西藏文化、西域文化与中原文化的融会地，各种文化曾在这里冲突、渗透、交流、吸收。

今天，来到隆务镇，我想的更多的是对民族与文化的思考。之所以称之为民族，是因为他们有着自己的信仰、自己的文化、自己的语言，还有对生活共同的向往和追求。土族是中国五十六个民族里人数较少的民族之一。生活留给他们的是遥远的记忆，被苦难磨砺的魂魄透着坚韧与顽强，马背上的动荡最终回归到田野的宁静。从原始部落到建立自己的领地、家园和王国，历史从来不会忘记，高天厚土之上那个孜孜不懈地追求美好生活的民族。从冰天雪地的辽东到茫茫草原，再到高大陆上那片宁静的谷地，祖先的脚步，总是那么匆忙。永不停息的战争与无边的灾难把一个民族的符号深深地印刻在信仰与崇拜中，生活的希望就这样被寄托在虔诚的祈祷中。无论是人本身，还是给予了向往的神灵，都关乎两个词：平安和吉祥。生活的安定幸福才是他们永远的追求。

在隆务河畔，黄南州文联和作协的领导热情接待了我们，我们先后深入龙树画苑和青海仁俊热贡艺术有限公司，了解唐卡、堆绣、泥塑等热贡艺术作品的制作工艺。对于热贡艺术我是有所了解的。唐卡是我钟爱的艺术品，每每看到唐卡，就会被那精细的线条、细致的纹理震撼到，每一笔每一画都浸透着艺术家无尽的心血。热贡艺术是藏传佛教艺术的重要组成部分和颇具广泛影响的流派，从15世纪开始，发祥于隆务河流域，数百年来，这里有大批艺人从事民间佛教绘塑艺术，因同仁地区在藏语中称为"热贡"，因此这一艺术便统称为"热贡艺术"。隆务所在的吾屯、年都乎、郭麻日、尕沙日等藏族、土族聚居村，男子十有八九都从事这一艺术创作。这是他们的艺术追求，也是事业追求。精准扶贫工作开展以来，这一艺术形式成了他们致富增收的重要渠道。龙树画院就是扶贫攻坚的优秀代表，它整合扶贫资金，以合作办院的形式创立画院，培训贫困户，让他们走上从艺的道路，在自己所信仰的艺术形式中找寻生活之路。在品类上包括唐卡、雕塑、堆绣、酥油花等多种艺术形式，作品造型准确生动，工笔精细绝美，色彩艳丽富于装饰性。他们的唐卡作品色彩鲜艳，笔法细腻，特别追求装饰趣味，同时大量用金粉，使画面呈现出金碧辉煌的效果和热烈的艺术气氛。质朴的画风，匀净、协调的设色，惟妙惟肖的神态刻画，充分体现了藏族人民创造的光辉灿烂的文化，是我国文化遗产中不可多得的艺术珍品。

在龙树画院和仁俊热贡艺术有限公司，我看到了很多艺术珍品，也看到了正在创作中的唐卡和泥塑，了解到了更藏、尖木措、夏吾才郎、更登群培、夏吾角等一大批献身热贡艺术的民族艺人，他们对民族艺术孜孜不倦的追求，不但彰显着艺术家的艺术品格，更彰显着一个民族的精神追求。艺术的魅力在于能感染人，能引起每个人的共鸣。每一位同行者都发出啧啧的赞叹之声，艺术的气息荡涤着我们的灵魂。我们每一个人手中都拿着笔，但是我发现，我的笔不足以表达和描写这一来自民间的伟大艺术形式，只能默默地祝福，愿这民族的艺术瑰宝永放光芒。

大河之南

今天，我们要去大河之南，追寻河曲马生长的地方，那里是蒙古族自治县。河曲那达慕大会闻名遐迩。大河是黄河，从隆务河畔来到黄河之南，领略黄河的汹涌波涛，眼前的一切都有了非常的意义。在这里，我第一次领略了河曲草原的俊秀。连片的绿，一眼望不到边的草地，深深地把草原的阔大与辽阔印在了我

的脑海之中。天空是一如既往的蓝，云朵是深沉纯粹的白，遥远的柏油路把思绪引到了无边的远方。秋高气爽、云淡风轻是对河南草原最好的描写。我曾无数次向往草原，向往草原无边的美，如今身临其境，我才深深体会到"天苍苍，野茫茫，风吹草低见牛羊"的壮阔。

河南县的县委、县政府领导在半路上迎接了我们，给我们敬献上了蓝色的哈达。同行人告诉我，这是河南蒙古族的最高礼仪。第一次承受这样的大礼，我为之感动。每一个民族都会欢迎远道而来的客人，但他们对客人的尊重与崇敬还是不一样。河南县在黄河第一弯的南端，东襟甘陇，北通宁海，南望川康，是青、甘、川三省津要之所在，平均海拔3600米，典型的高大陆，寒冷多风。但今天天气格外好，天蓝得要命，目之所及在百里之外，草原上的牛羊一目了然。悠闲的牛群，白色的羊群点缀着辽阔的草原，也点缀着我的心灵，我的心儿早已在草原上驰骋。我不由得记起了降央卓玛唱过的歌曲："马儿啊，你慢些走，喂，慢些走哎/我要把这美丽的景色看个够/肥沃的土地好像是浸透的油/良田万亩好像是黄金铺就/没见过青山滴翠美如画/没见过人在画中闹丰收/没见过绿草茵茵如丝毯/没见过绿丝毯上跑马牛/没见过万绿丛中有新村/没见过槟榔树下有竹楼/有竹楼，哎……/没见过这么蓝的天哪，这么白的云……"是的，我要把这美丽的景色看个够，把这美丽的景色记心头。

河南县是蒙古族自治县，这里的蒙古族和藏民族交流交融，和睦共处，友好往来，共同创造了独特的文化艺术，是蒙藏文化融合最典型的地区。蒙元文化与藏文化融合，使河南县形成了独特的民族风情，那达慕是河曲草原最负盛名的盛会，草原汉子爱赛马，爱追风。骑马、射箭、摔跤是那达慕大会的传统项目，经久不衰。我们这次到河南河曲草原，那达慕大会已经远去，但草原传统赛事的影响还在，一路上不时看到骑马奔驰的草原追风少年。马是他们的挚爱，也是这个马背民族的精神象征。河南县最出名的就是河曲马，在遥远的古代，河曲马更是代表着青海。河曲马与新疆伊犁马、内蒙古三河马，并称为"中国三大名马"。河曲马体大协调，骨量充实，肌肉较丰满，关节尚明显。性情温驯，神骏而富有悍威。河曲马经过长期人工组群放牧，养成了喜群居、好游走、恋群性强于舍饲马的特性。如今，河曲马已是河南县的标志性生物物种，受农产品地理标志保护。黄河岸边的河曲马，是一代人永远挥之不去的记忆。"您驾着飞机从五湖四海赶来/我约好骏马在蒙旗草原等候/翻过巍巍昆仑，跨越滔滔黄河/让我们一起邂逅在天堂河曲……"这是草原人的情怀，也是此刻我的情怀。如果可能，我情愿骑着河曲马与你相约在大河之南的蒙旗草原。

车辆在不断行进，苍翠欲滴的群山渐渐变为广袤无垠的草原，我们来到此行的第一个目的地，河南蒙古族自治县，探访草原深处从地下流出的纯天然矿泉水。习惯上大家都称这里为水厂，因为这是建在水源地，以扶贫产业开发为目的的生产企业。在这里务工的都是附近放下牧鞭的牧民，离开牛羊，走进工厂，放弃传承了几百年的游牧生活，对他们来说无疑是痛苦的，但脱贫过上和城里人一样的好日子，则是他们幸福生活的开端。

在生产加工车间，公司负责人向我们介绍了产业扶贫开发以及扶贫帮扶情况，听着他的介绍，我甚是欣慰，扶贫帮扶对贫困的牧民群众来说是远方客人的恩赐，也是他们得以摆脱困境的福音。

大水之源，我们来到天然气泡水泉眼，负责人向我们介绍，天然气泡水是一种天然含有二氧化碳的矿泉水，富含锶、钾、钠、钙、镁、钒等天然矿物质和微量元素，在地壳压力下自涌而出，天然含气，有着促进血液循环、消除便秘、控制食欲、中和酸性物质、散热消暑等功效。同行的河南县宣传部工作人员用勺子舀了一杯水递给我，水清澈透明，散发着一股淡淡的硫黄味，我喝了一口，甘洌清凉的泉水柔柔地滑入喉咙，一股气流在腹中不停地往上升，舒畅惬意的感觉传遍全身，我不由得说："这才是真正的天然水啊，我还想再喝一杯。"于是大家不停地接过水杯，一杯又一杯，开怀畅饮，品味着天然泉水的甘醇，享受着来自大草原的恩赐。当地牧民称这支泉眼为"曲海神泺泉"，意即"圣洁之水"。省作协曾于2016年在这里举办了"水、河流：人类的生命之源与诗歌"国际诗人毡房圆桌会议。在草原的尽头还有天然矿泉水，这正是诗人所要表达的诗与远方。"关关雎鸠，在河之洲"。在水之源我们见证了水的力量，冲出地表，不屈不挠，一路向东，奔流到海不复回。这是一股怎样的力量！正是这股力量才促成了中华文明与黄河文明的大河浩荡。"上善若水，水善利万物而不争。"大智与大善就像水的品性一样，恩泽万物而不争名利，融入社会，我们难免为名利所累，如果像水一样，绵柔如水，坚硬似钢，则作家的笔力必定会达到无我之境界。

　　是的，水和河流，是生命之源、文化之脉；而诗歌，则是滋润心灵的圣洁甘泉。是夜，我们住宿在洮河之滨的河南蒙旗宾馆，门前是临河打造的河南县人工湖，水面烟波浩渺，夜深沉而旷远。我听见风掠过洮河的声音。

牧笛悠扬

早上从河南县出发，经过一市场，是牧民们买卖马、牛、羊的地方，市场自然形成，没有官方引导。市场经济的发展使草原牧场经济自然而然发展了起来，草原儿女的生活也发生了翻天覆地的变化，不时可以看到牧民开着"豪车"在草原上飞驰。同行的州宣传部工作人员告诉我们，精准扶贫工作开展以来，通过扶贫开发和有针对性的帮扶工作，草原上的好多物产都成了香饽饽，以中藏药、冬虫夏草、雪莲、蕨麻、蘑菇及牛羊肉为代表的草原特产，风靡各大网站，草原电商不再是新鲜词，而是一些草原农牧产业经销合作社的必备。通过电商，草原上的酥油奶茶走上了城市居民的餐桌，牧区群众也过上了幸福的小康生活。

一路上碧草连天，白云相间，不时有牛群悠闲地跨过公路去对面的草地喝水，草原生活总是充满惬意，宽广豪迈时刻充盈心间，总有高歌一曲的冲动。河南县蒙旗草原连着泽库草原，草原上的毡房升起袅袅炊烟，和草地、牛羊、溪水、牧人组成一幅天然的草原生活画卷，无须雕琢，无须画板，这应该是草原画家随意打翻的颜料瓶，那么自然，那么和谐。画中不时飞过一只鸟儿，留下一路的惆怅。藏族诗人旦正的一首诗把我们提前带到了泽曲河流淌的泽库。

在青海东南的怀抱里
有一片沃土叫泽库
也许，在你的记忆中
只记得它的寒冷
却从没体会过

它的美丽与神奇

悠悠的白云
飞奔的骏马
成群的牛羊
展翅翱翔的雄鹰
还有那美丽的姑娘
让人忘返的美丽天堂

在这片草原上
好客的泽库人深情无限
美酒奶茶飘香醉人
洁白的哈达为你祈福安康
优美缠绵的牧歌
迷醉你的心田
这就是神奇的泽库

曾以为泽库是一个寒冷、遥远的地方，今天车行到泽库草原，一路上草场肥美，山清水秀，牛羊成群，牧笛悠扬，心里忽然觉得，其实这里是一个幸福吉祥、美丽祥和、充满神奇魅力的地方。查了一下资料得知，由于自然条件恶劣、经济社会发展滞后，所以泽库的藏语名为"夏德日"，意为"高寒偏远连鸟都难以飞翔的地方"。但如今，经济的发展，精准扶贫工作的大力开展，使这片遥远的地方发生了彻底的改变，成为每个人心中向往的旅游胜地。

我们此行的第一站到创造草原草地划区轮牧、牲畜分群饲养的"拉格日模式"的泽库宁秀乡拉格日村。车子在草原上疾驰，辽阔的草原一望无垠，远处的雪山在蓝天下格外纯净洁白，吸引着我久远的思绪；草原上的格桑花正在开放，装扮着青青的草原。两个小时后我们来到了拉格日村，路边的联合收割机在收割牧草，在草原上种植牧草、贮藏牧草也是拉格日村想到的防寒过冬的好法子，青南草原每年冬天都会遇到雪灾，贮藏草料是最有效最直接的办法。泽库县林草局的德却局长接待了我们，他向我们介绍了拉格日村的带头人俄多。俄多是一个敦实憨厚的藏族小伙，见到我们一脸羞涩，从没有那股成功人士的傲气。他很少言语，我们问他问题，他偶尔用汉语向我们回答，有时又不知如何说，就用眼色向德却局长请教，德却局长就成了我们的翻译，把我们的问题转达给俄多，又把俄多的回答解释给我们听。我们一行人团团围住他，听他用藏语解答我们稀奇古怪的问题，我们关心的是这样的模式是怎样提出来的，又是怎样发展的，牧民们支持他的这一举动吗。他一一用藏语解答着我们的问题，我感觉到他是一个非常朴实的藏族汉子，就像草原上的牛羊一样，清纯可爱。随后，我们就近去了他家，他家和他们村上的大多数牧民一样都搬进了定居点，新村统一规划，修建了广场、运动场、游乐场，水、电、路都通到了每家每户，逐草而居的生活因为"拉格日模式"的成功推行而稳定了下来，他们都有了固定的家，过上了上班族的生活。村里的广场上还修了村史馆，馆里展示着从传统牧业到新型牧业转变过程中的物品、图片和文物。在草原上这是不多见的。在他家，我首先看见了他满墙的奖状、荣誉证书和奖杯，全国农业劳动模范的奖状和奖章以及一枚全国最美村支书的奖章，令我对他肃然起敬。他在遥远的草原创造了不平凡的业绩，值得让人尊敬。同行者纷纷举起奖杯和他合影，我手中拿着相机，不停地按着快门，只是没有留下和他的一张合影，略带着遗憾，我们告别了他，但他的形象已印刻在我心中，我想，他是一个了不起的牧民。

"拉格日模式"的主要做法是牲畜草场折价入股、草地划区轮牧、牲畜分群饲养、用工按劳取酬、产品统一销售、社员分工分业、收益按股分配，以达到三生共赢——生态宜居、生产兴旺、生活富裕的目的。

2017年年底，在俄多的带领下，拉格日村启动集体产权制度改革工作，开启"拉格日模式"，俄多和村干部经过一年多耐心细致的工作，动员牧民入股流转，通过"先入一部分，再分批动员加入合作社"的办法，顺利完成了清产核资、人员界定、折股量化等任务，初步构建了"归属清晰、权责明确、保护严格、流转顺畅"的牧区集体产权制度，并实现了从生态畜牧业专业合作社到股份经济合作社的转型升级。成立股份经济合作社以后，拉格日村畜牧业发展以股份经济合作社为载体，实行统一轮牧、统一配种、统一养殖、统一加工、统一销售、分群养殖的"五统一分"经营管理方式，形成了以劳力专业分工、生产指标量化、用工按劳取酬、利润按股分红为主的集体经济股份合作新模式。自此"拉格日模式"取得牧民信任，成功实现了传统牧业的转型升级，也实现了生态、效益与生产的三赢。俄多说，合作社已实现了网格化管理，通过网络数据实现对草场的远程管理，哪里过载，哪里草场退化，通过网络就能实现草场轮牧、轮休，牛羊全部打了耳标，扫一扫二维码，就知道它们在哪儿吃草，放牧员是谁。现代化的经营方式带给牧民的不仅仅是方便与快捷，更多的是收入的增加，拉格日村是泽库最早实现脱贫的农牧区之一。

告别俄多，我们踏上了返程，草原在身后不断退去，而我的思绪还在拉格日村回荡。传统与现代真是翻了天，它改变的不仅仅是生产方式，更是传统牧区的生活方式。或许不远的将来，我们将很难看到拿着牧鞭的牧民了。起伏跌宕、浓密葱郁的麦秀达坂已绕过眼际。我已告别了青山白云相间的泽库，道路逶迤。

丹山碧水

离开热贡之乡同仁，一路向北，我们来到丹山碧水间的灵秀尖扎。海黄大桥连接着同仁和尖扎，也连接着化隆和循化，似乎这里离家更近了一些，我是个没有出息的孩子，离家就会想家。海黄大桥号称"西北第一桥"，于2017年9月建成通车，是青海省首座大跨径斜拉桥和高速公路景观大桥，也是目前西北地区跨径最大的双塔双索面钢混叠合梁斜拉桥，建设规模和施工技术堪称"西北之最"，通车后西宁至同仁路程缩短2小时，而我们与黄南的距离也缩短2小时，如果有机会我还会回到这里，回到热贡之乡，回到蒙旗草原，回到幸福泽库，那样我对文化与草原的情怀才会得以释放，灵魂的高地才会坦然。

灵秀尖扎是全国有名的射箭之乡，勤劳勇敢而质朴的尖扎儿女在这里创造出别具一格、具有浓郁民族特色的尖扎射箭文化。在尖扎，射箭既是勇气和势力的象征，又是福气和生命的象征。虽然在安多地区的很多地方有民间射箭活动，但尖扎射箭与众不同，它从最初的狩猎工具演变成兵器，发展成为集历史、宗教、民俗、体育、艺术于一体的"五彩神箭"文化，在灿烂绚丽的藏族文化中占据主导地位，这也是尖扎叫得最响的一张名片。尖扎亦是一片文化沃土，由于尖扎地处黄河之滨，是黄土高原与青藏高原的结合部，中原文化与羌藏文化在这里融合，农耕文明与草原文明在这里交汇。羌戎文化、鲜卑文化、汉文化、吐蕃文化等多种文化形态在这里更替交融，相辅相成，最终形成尖扎流动的、开放的地域文化，尖扎是研究羌藏历史文化和民俗风情的天然博物馆。

离开草原，我们走进隐藏在黄河岸边的昂拉千户院。千户庄园建在黄河西岸的尖扎县昂拉乡尖巴昂村，这里道路曲折，丛林密布，树影婆娑，背靠丹霞断壁，俯视黄河，坡高路陡，北有黄河天险，南有高山环绕，西临黄河，是一处易守难攻的要隘。曾经这里该是金戈铁马，旌旗猎猎，战火纷飞之地，尖扎、化隆、同仁、河南等地就曾是昂拉千户属地。依山而建的庄园地势险要，恢宏大气，是青海乃至安多地区保留最为完整的贵族庄园。

根据导游介绍，我们了解到，这里是尖扎重要的爱国主义教育基地和民族团结进步创建教育基地。历史的硝烟已经散尽，留给我们的则是深深的思考，各民族团结和睦，共同发展进步，是时代所需，也是历史所需。

从庄园出来我们原路返回，来到黄河对岸的德吉村。德吉村是一个扶贫搬迁的村庄，坐落在黄河岸边，这两年成了网红村，游人络绎不绝。在黄河岸边，总会令人心潮澎湃，历史的回荡、文化的碰撞、心灵的交汇让我的内心久久不能平静。在扶贫的历史背景下，民族文化、民俗习惯、典藏古迹已成了各地首先打出去的品牌，成为人们致富增收的首选。文化与经济血脉相通，我们没有理由不重视文化，不传承文化，一个作家更有责任与担当为本民族的文化传承贡献力量。而远离家乡，处在闹市区的我是否会为浮躁的社会所俘虏？需要一分勇气与定力。我应该在社会洪流中静下心来，心无旁骛在追寻文学的道路上，这是我此行最大的收获。

　　德吉，藏语意为"幸福"。村如其名，独具特色的藏式住宅、悠闲安逸的生活广场、美不胜收的沙滩景色……这里是青海的江南，却给人一种不是江南，胜似江南的感觉。一行人在村里穿行，村委正在一户人家对村民进行厨艺培训，穿着藏服、戴着头巾的藏族妇女在老师的指导下做着各种菜品。发展乡村旅游已成为村民脱贫致富的重要依托。关门是家，开门是店，家家户户都在做旅游文章。已是中午，村里游人如织，我们一行人选择一民俗接待点去品尝藏餐。饭后，返回广场去乘车，站在广场上远望青山绿水，近看垂柳沙滩，崭新的民居、宽敞的村路、整洁的公厕，牧民的生活天翻地覆。大家都在感叹，如今牧民的日子都比我们好，我们住在高楼大厦，就如笼中的鸟儿，已没有了生活的乐趣，看来生活还得回归田野、回归草原，那里才是心灵栖息的地方。

　　四天的"深扎"即将结束，我们依依不舍：不舍草原的雄浑，不舍隆务镇的金色河谷，不舍黄河岸边的江岸风光，更不舍四天里我们心灵的交融与交汇。或许，明天我们将会有一个新的开始！

青稞葳蕤

在互助每每和朋友相聚，总离不开一个话题，那就是青稞酒和青稞。所谓无酒不成席，酒与社会关系紧密联系在一起，大家在一起自然就会谈到青稞。因为有了青稞，才有了青稞酒的诸多故事。近年来，由于气候变暖以及农业生产发展的需要，青稞这一农作物，逐渐淡出人们的种植选择，青稞向更高海拔、更寒冷地区进军。从种植青稞的老农口中得知，青稞可以生长在海拔3000米的高寒地区。就生存条件来说，海拔3000米虽不是生命禁区，但已是极寒地区，长冬无夏，一年中暖和的日子也就100天左右。如此说来，青稞是有着旺盛生命力的，耐寒耐旱是它最基本的特性。其实，生为高原人，能耐寒也是生存的基本所需。因此，我常常会在脑子里冒出一个念想来，假如我是一株青稞，我会在高原葳蕤地生长起来。

在青海温暖的夏季总是那么短暂，这边达坂山的格桑花还未芬芳，那边河湟岸边的油菜花已经凋零。威远小镇还没有品味夏日的烂漫，秋的序曲已经奏响，街道上青稞麦素散发着诱人的香味，告诉你收获的季节已来到。于是，青稞弥漫了整条街道，让人欲罢不能。大家都明白，高原儿女都离不开青稞。这些年交通便利，每逢假日人们总会驱车奔向草原，迷人的草原宽容地接纳着五湖四海的人们，他们或依恋或寄托，在草原尽情释放心情，草原不仅带给了他们辽阔遥远，还会接纳他们的疲惫与烦恼。一碗酥油炒面会让疲劳的游子瞬间感到幸福温暖。是青稞养育着这片高天厚土。

工作以后，我很少关注青稞，对于青稞的生长习性已不甚了解，就如很多人吃着粮食却不知道粮食长在地里一样。人们常常会忘记过去，只会关心当下。这是一种短视行为，忘记过去意味着背叛。我来自农村，却在很短时间内丢失了一个农村孩子应有的本分，这么多年都不知道庄稼几时种来几时收，我为此常常自责。譬如，青稞穗七月结荚八月熟，我已恍惚，但我与青稞的情未了。那年夏天，学校组织开展校园"五化"建设工作，墙角一块堆放杂物的空地需要绿化。翻了一遍地，全是砖头瓦块，长年闲置，土壤都被沙化。已是五月底，要绿化，还要在短期内让土地绿起来，难住了学校的几位老师。一筹莫展之际，一村民出了个点子，说撒上青稞，两个星期就会长起来。大家都不以为然，怎么可能，万物生长不但需要阳光、雨露，还需要时间。短期内让空地绿起来是不可能的。但也没法，不妨一试。于是，老师们用心地碾碎了每一个土坷垃，从老农家借来一把青稞，撒了下去，静待奇迹发生。

校园"五化"建设工作事关学校工作全局，是校园文化建设的一部分，让校园绿起来，让校园充盈着花香，是每一位师生共同的心愿。可是，学校建设百废待兴，有限的经费连正常运转都保证不了。学校里每办一件事，校长和老师们都绞尽脑汁，想尽了各种办法。这次的绿化任务，大家都寄希望于青稞，希望青稞葳蕤，郁郁葱葱地装扮校园一个夏季，圆满完成工作任务，为学期工作画上句号，力争学校学期综合考评工作得到上级肯定，最好能得个奖，了却学校师生扬眉吐气的心愿。于是，老师们每天都在观望这片待发芽的青稞地。一周后，被雨水淋过、快要板结的土层，冒出了一株又一株嫩黄的芽苗。芽尖新绿，芽根嫩黄，随风摇曳，久旱的土地有了生命的气息，生机勃勃；第二周，那新绿已连成一片。远远望去，一片葱绿已覆盖了地面，部分芽苗又分开了叉，一丛丛一簇簇茂密地生长起来。绿色的地面吸引了孩子们纯真的眼光，一只只小手小心翼翼地抚摸着青稞芽苗，呵护着绿色的心情。有心栽花花不开，无心插柳柳成荫，老师们无意在校园种植青稞，用于绿化的草地却生长起了青稞，青稞葳蕤，装扮着夏日的校园，校园里多了一分绿意盎然，也多了一分快乐的心情。

青稞本不应长在校园，应该长在地里，但用于食用的青稞被种在校园用于绿化，也是青稞对于师生的新贡献。青稞突兀地长起来，校园里就多了一个关于青稞的话题。我是吃着青稞面长大的。每个人都会这样说。在饥饿的年代，青稞是主粮，解决了人们的温饱问题，可以说是青稞养活了一代人。如今，人们的生活水平提高了，物质丰富了，生活的需求有了更高的标准，在吃饱吃好的同时，还会有更多选择。青稞面馍馍和小麦粉做成的白面馍馍，人们更喜欢白面馍馍，能吃上白面馍馍曾是一代人对生活的极致追求。基于此，青稞种植面积越来越小，以至逐渐边缘化。青稞不再是生活的主食，更多的则是以杂粮的形式补充我们的生活。莫非这是青稞的悲哀？并不是，只是时代不同罢了，青稞以青稞酒的形态走上典雅之堂，丰富着人们的物质文化生活。

转眼一个学期就要结束。学校"五化"建设工作任务顺利通过验收，学校各项工作也已接近尾声。没有人关注这项工作是否最终获奖，但有人关注长在校园里的青稞。学校工作任务烦杂，总是忙忙碌碌，上课、学习、考试、升学才是主题。长了一个学期的青稞不是焦点，却是关注点。老师们闲谈时总会提起青稞，都会说，青稞长得好，长得这么旺盛，今年该会丰收。青稞生长一季就能收获，可是校园里的学子生长一季，是否取得了收获，一时不得而知。诚然，付出总会有收获，但二者不可相提并论。农民种青稞收获粮食，而老师耕耘讲台收获的是学生的成长。青稞长在地里，学生长在校园，都在成长。十年树木，百年树人。我们的孩子如能像青稞一样能经风雨冒严寒，经得起各种风险考验，顽强地在青藏高原这片土地上生长，生长在高寒地带甚至极寒地带，还能葱绿葳蕤，还能桃李芬芳，则是我们之幸，国家之幸，时代之幸。

　　我期待，我的校园青稞葳蕤，也期待，我的学生生命葳蕤。

东山记忆

　　我与文学结缘还得从一个叫禅寺的小村庄说起。1991年从学校毕业后，我被分配到群山脚下的东山小学任教，青涩的我，一脸稚气，充满向往，梦想着在人生的舞台上寻觅未来。可现实的残酷，却让我迷失了，我真不知该如何去努力。没有了天花板的教室，墙皮已脱落，红色的泥皮斑斑，骄傲地展示着岁月的无情，窗户上没有一块完整的玻璃，教室门也开了一个大洞，被孩子们用纸糊上了，颤巍巍地挡住了门外的世界。低矮的土坯房是教师宿舍，一盘土泥坑是室内最醒目的装饰。学生时代的豪情壮志被现实荡涤得灰飞烟灭。晚上一个人在偌大的校园里孤独地徘徊，除了恐惧还是恐惧，恐惧一个人的生活，恐惧找不到头的理想。

　　是年9月，省上开展千名干部联乡包户活动，我有幸认识了人生中给我最大启迪的一个人——省文联作家戴言公先生。言公和省文联一众干部被分配到东山乡各个村包村，帮助落后的村庄发展经济，改善生活。东山乡是一个典型的土族聚居区，十几个村庄在祁连山余脉的山坳里，盘根错节地生存着。山连着山，沟通着沟，除了山就是沟，一条连接村庄的小路被荒草淹没。这里的每一个村庄住的几乎都是清一色的土族群众。土族群众好客，热情厚道、能歌善舞、性情豪放，有着典型的草原民族的情怀。他们热爱生活，荡漾在自己的幸福生活里，与外界失去了交流。

贫困与落后相伴着他们，他们最需要的是文化与知识，但因传统观念的原因，这里的很多孩子都不愿上学。知识的匮乏一定程度上阻碍了他们对现代文明的认知与理解。言公先生到村后的第一件事，就是到学校了解孩子们的教育状况。那天下午，言公和村干部走进了校园，高大的身影、矫健的步伐、慈祥的笑容，一下子拉近了他和老师、学生的距离。村干部说言公是省上的干部，并且是个作家，让老师们惊讶得不知如何是好，恐怕这是小学校几十年来迎接到的最大的干部。"四面环山，这所学校是所好学校，出人才哩！"戴先生一句话让所有的人都笑了。温和可亲，平易近人，这是他给我们大家留下的印象。

言公一行几位干部在土乡驻村一年，也就是说我们可以有一年的时间来交往。但我们谁都没有抱太大的希望，毕竟是省里的干部，和小学校的老师来往不会多。但第二天言公就又来到了学校，得知我晚上一人住在学校，他特意写了一幅字赠我，他写的是唐朝边塞诗人王昌龄的《从军行》，"青海长云暗雪山，孤城遥望玉门关。黄沙百战穿金甲，不破楼兰终不还。"意在勉励我在逆境中去拼搏、去努力，这幅字至今还挂在我的案头，激励着我。他还和我谈起了文学，谈起了他对土族的认识和理解。他还说，作为一个有知识的土族青年，就要在民族传统文化的挖掘与保护中有所作为。他希望我多读书，学着写东西。交谈中他还告诉我，在每天完成必要的驻村工作任务后，他每天要写5000字的东西，这是他给自己定的任务，也是他工作的一部分。我由衷地佩服他，在那样的工作环境中，在生活极其不方便的情况下还要坚持写作。这是需要一定的意志力支撑的。他说这两天刚到这儿，观察了一下，围绕小学这座土族村庄，阳面有9面坡、13道沟，阴面有6面坡、7道沟，阴面地多，阳面坡大。我暗暗吃惊，这些数字恐怕生活了一辈子的村民也未必说得清，他才来两天就观察清了，令我不得不佩服他的观察力。看来，生活首先得从观察做起。

自此，每有时间，言公总会来到学校和老师们谈心，和我谈心。有时还翻看学生们的作文，他总是希望我们能上好作文课，让土族的孩子掌握好汉语，将来走出大山。一天晚上，他又到学校来了，老师们都走了，只有我一个人，他就到我的宿舍，和我拉起了家常。他说，他年轻时经常下村，青海的大部分地方他都已经转过了，他更熟悉乡村的生活，因此，从省里下来驻村开展工作，他是熟悉又习惯。他不在意农村生活的清苦，反而在农村能找到更多创作的灵感。他说割田、碾场、扬场、犁地等农活他都会。我坦言，一个城里人能这样熟悉农村的生活并不简单。是夜，我们二人围坐在宿舍的火炉旁，边聊天边喝起了互助大曲酒。拿起酒杯，言公说了一段很诗意的话，他说："每一天都是记忆，就像你我二人，坐在火炉旁喝酒聊天的日子明天就会成为记忆，不会有第二次。"我当时并不理解，认为这样的生活还会有的。可果不其然，尽管以后的日子里，我们还是能经常见面，但二人坐在火炉旁边喝酒边聊天的场面再也没能出现。

东山村是个极度缺水的村庄，一庄子的人吃水都要到两三公里外的山沟里挑，路远不说，还常常断水，土族阿姑们每天最主要的任务就是去担水，一担水挑回来就是好半天，对此，村民们苦不堪言。言公得知这一情况后，马上写了一份报告，并附上了一份纪实短文，交给了驻村工作组。工作组觉得，一年下来，能为村民解决一两件实事也是一份成绩，于是上报县政府。言公又亲自回到单位，找人说情，通过省水利部门，争取到了一个项目，从山里把泉水引到村里。自此这个土族小村庄吃上了自来水。言公也很是高兴，以"引得清泉山上来"为题，写了一篇通讯，先后在互助广播电台、青海广播电台播出，那时纸质传媒并不发达，电波频率无疑传达出了土族儿女的心声。

此后，言公的工作似乎更忙了，一方面是驻村的事，一方面还要回原单位干事，我们能单独交流的机会更少了，但每次见面，他都会问起我的读书和写作情况，他还建议我把写好的稿子投出去，寻求一份自信，当然，每次他都忘不了告诉我他的写作情况，每天5000字的写作任务是否完成，以及创作进展。他说，他的作品已分期在《青海湖》上发表，可惜我没能读到。他的作品《六百铁骑下西宁》就是在那时完成构思并创作的。有一个星期天，他还约我带领几个土族学生到西宁，到他工作的地方看了一下，希望以此扩大土族孩子们的视野，培养孩子的写作兴趣。在西宁城看到孩子们穿的花袖衫，他高兴地说："你看这多漂亮，民族的东西就是有归属感，让人亲切。"

一年的时间一晃而过，言公和下乡干部的工作到期了。临行前，他来学校和师生告别，他说，一年的生活给了他很多影响，他喜欢这里的土族群众，临走他带了一件土族男服饰和一件花袖衫，他说生活了一年他也是一个土族人了，这些东西会成为他永久的珍藏。

回到省城，言公给孩子们寄来了文学刊物《青海湖》。在山村小学，我第一次读到了省内文学杂志，并且还是作家言公赠送给我的，心底的骄傲和自豪满满的。也许，我们的文学情结就此扣在了一起。自此，《青海湖》每期出来后，言公都会寄给我，每一期他都会附上亲笔信问候我和孩子们。对土族孩子的惦念，成了他工作和生活的一部分。这样的日子一直持续了三年，三年后我离开了那所小学，但我们的联系并没有中断，以后的交往中

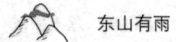

我们多了一个话题——文学创作。

　　我的文学梦就此建立，并且在东山的山坳里无限阔大。我不知道，我的文学路还有多长，但我知道作家言公的文学路上多了一个驿站，那就是东山，而我的文学梦也从东山起飞。2012年年底，我得知言公的作品《六百铁骑下西宁》荣获青海省人民政府第七届文学艺术奖。我不知道这个奖对作品本身意味着什么，但对于我，对于东山这个土族村庄，意义非凡，因为这部作品就是在这里诞生的。大奖温暖着的不仅仅是作者和作品本身，还有东山。

第五辑　时光流年

今夜不再寒冷

　　昨夜天黑风急，寒气一阵阵袭来，北京的冬天不是一般的冷，走在大街上冷风会把人吹得转过身，走路真有些困难，我这个从大西北青藏高原下来的人，没在青海互助的街头感觉到冷，反而在北京感觉到冷得要命。看来真是一方水土养育一方人，离开自己的家乡到哪儿都不适应，在华北平原，在首都北京，在低海拔的城市，我们一样有不适应的地方。北京每天下午不到五点天就暗下来了，太阳不知什么时候早就落下去了，夜晚来的总是那么早，而在遥远的互助，此时太阳高照，人们正在为午后的工作忙碌，时差就是这么明显，仿佛我们是两个世界的人。晚上六时，夜色中的天空淅淅沥沥地落下雪花来。初冬，北京的第一场雪就这么来了，悄悄地在夜色中落到了街头，落到了行人头上，落到了还未落下叶子的法桐树上。起初是飘飘扬扬的，后来是接连不断的，很快，地面上、汽车顶上，积了厚厚的一层，夜色中的街道在灯光的照耀下瞬间成了白茫茫一片。来鲁院学习的南方人据多，云南的、广西的、海南的、福建的，他们一年四季很少见到雪，海南的王谨宇更是从出生到现在三十多年都没有见过雪。北京的雪一下子引燃了鲁院的学子，大家像迎接天外来客，在院子里尽情欣赏自然的恩赐，雪花的世界就是他们内心梦想的世界，一片雪花带给他们今夜最大的欢乐。他们有的张着双臂，有的昂着头，有的摊开手掌，激动地迎接来自天空的洁白的雪花，那份期待、那份快乐就如儿童在天地间嬉戏。天真的微笑发自肺腑，一片两片、三四片，很快地上就积了厚厚的一层。广西的瑶鹰同学在一辆车顶画了一颗心，珍重地写下了"北京2019年11月29日"的字样，以纪念这个夜晚，纪念这一年在鲁院的美好时光。相逢总是短暂，离别就在眼前，这样的夜晚无疑将会是又一个美好的记忆。我翻开微信朋友圈，发现鲁院的同学们都在发关于北京下雪了的消息和图片，来自西藏的沙冒智化同学还写下了诗句：

> 天的白
> 北京的夜里，有一朵花
> 身穿着黑色的天
> 一根根雪的琴弦上，挂着
> 冰凉的故乡
>
> 天空是一座黑色的花园
> 下着星星的花瓣
> 堆在北京的窗户里
> 像一群飞蛾似的
> 讲述着死亡与光的历史

雪花于我来说是再平常不过的了，互助每年国庆节前后就开始下雪了，来年"五一"时还在下雪，下雪就是我们日常生活的一部分。但我也被感染，来到610宿舍，和同学们一起共度北京这有雪的夜晚。瑶鹰、桐雨、苏凯、费城、王谨宇、李铁柱等几人都在那里聊天谈雪，我也加入了。瑶鹰打开投影仪播放今年国庆献礼影片《攀登者》，我们边聊天边看电影。瑶鹰来自广西弄山文联，是一名音乐发烧友，喜欢音乐、写作。他来北京后就在网上淘了音响、投影仪、电子琴等设备，把610宿舍打造成了电影院和音乐厅，把鲁院的时光充填在缤纷的世界里，自此我们不再孤单，学习之余我们有电影还有音乐，这就是文学生活。电影《攀登者》是由阿来编剧，李仁港执导，吴京、章子怡、张译、井柏然、胡歌、王景春、何琳等主演，成龙友情出演的剧情冒险电影。影片讲述了1960年5月25日，中国登山队成功从北坡登顶穆朗玛峰，完成人类首次北坡登顶珠峰的故事。该片于2019年9月30日在中国上映。《攀登者》作为国庆档献礼影片总票房突破10亿元。

午夜十二时，雪似乎下得更大了，瑶鹰、桐雨、王谨宇他们又来了兴致，跑去看雪、玩雪、拍照，还在宿舍写作的宰香等人也加入他们，寒冷的夜晚不再寒冷，童趣与雪中的快乐是今晚的主题。生活就是这样，你热爱它，它就是快乐的、幸福的。就如今晚这场雪带给鲁院同学们的快乐一样，快乐是简单的，幸福也是简单的。朋友圈里鲁院的同学们在对对联，来自内蒙古《草原》杂志的编辑杨瑛对了这样一副对联：上联——观音山上观山水；下联——朋友圈里朋友多；横批——都不睡觉。形象至极。

早上起床后吃过早饭，我就拿着相机去拍照，我以为我是第一个，但院子里都是拿着手机拍照的人，我已迟到了。有的同学更是跑到故宫、地坛等地去拍雪景。我想，我还是在鲁院拍吧，因为这个冬天我们是在鲁院度过的，恐怕这是今生第一次也会是最后一次。但愿我的相机能记录下这个美好的时刻。我去拍照时来自新疆的苏来提和来自甘肃的高玉英已经在拍雪景，他们让我给他们拍几张，其实新疆和甘肃每年冬天都有雪，雪于他们来说再熟悉不过了，但他们还是在北京鲁院的早晨早早就来到院子里享受冬日雪花带来的快乐。人生处处有惊喜，即使自己再熟悉不过的景物也会带给你不一样的感动。我拿着相机找各种角度给他们拍照，我发现我的摄影技术、摄影水平、摄影知识很难适应这样的场景，我没法用另一个视角去感知这突如其来，平常司空见惯的地方在雪后会带来何等不一样的感受。我知道，我的视野、我的审美已老化，不会在生活中发现美、感受美了，说明看书少了，相关书籍、图片都看少了。尤其是对于如何在不同场景拍出人物最美的效果来，我一筹莫展。我虽然机械地按下了快门，但却对拍出的照片不自信，只好以多拍的方式去化解。拍摄完整理的时候，发现有几张照片还过得去，后来去补拍的时候，桐雨、王谨宇也在拍摄，和他们一起，并帮他们拍了不少人像。王谨宇兴致非常高，这对他来说是千载难逢的良机，他在海南一辈子也看不到雪，在北京他实现了这个梦想，还有文学的梦想。

　　初冬北京有雪的日子，就这样融入了我们日常的生活，或许它已过去，或许它正在到来。

品味居家生活

为应对新型冠状病毒疫情，正月初三，一家人匆匆从西安返回，隔离在家，静静地守候，盼望这场突如其来的疫情能烟消云散，早日恢复往日平静的生活。

我们不敢擅自出门了。妻子说，待在家里也好，一家人就安安静静过年吧。女儿说，她可以有时间做作业了。自上学以来，女儿总是有做不完的作业，小学时候如此，初中时候如此，高中时候也是如此。搞了这么多年的教育，我也不知为什么，孩子们的作业如此多。在校期间，她做作业，每天晚上都要写到十一点，放假了依然如此，每次回家来，我第一句话就是："作业写完了没有？"她仿佛对此早已习以为常，不以为然。让她有时间安心做作业也是好事，不至于到开学时因假期作业完不成挨老师的批评。我也可以静下心来读读书。这个非常时期，我不由得记起苏联作家瓦西里耶夫的小说《这里的黎明静悄悄》，小说塑造的5名漂亮女战士，性格各异，追求爱情，向往美好生活，但面对战争，她们抛下家庭，丢下爱情，义无反顾地走向战场，毅然决然地以自己的生命为代价赢得了这场战斗的胜利。勇敢顽强的丽达、热情开朗的热尼亚、情窦初开的丽莎、爱哭胆小的嘉莉娅、酷爱诗歌的索妮娅，以及勇敢机智的准尉瓦斯科夫，给人留下了深刻的影响，她们的故事深刻揭示了战争对人性的摧残、对生命的杀戮，同时也说明战争中最可贵的不是胜利，不是勋章，不是鲜花，而是生命，人的生命高于一切。面对病魔，生命有时十分脆弱，但我们要敬畏生命，珍惜生命。逆行向前的白衣天使，星夜驰援的解放军战士，都是这场阻击战中最可爱的人，我们有理由向他们致敬。

赋闲在家，世界仿佛一下子安静了下来，我的心也平静了许多。艾丽丝·门罗在《亲爱的生活》里这样描写一段时光："某段时间她一定曾不甘平凡，她一定以为她会让自己变成不同的人，变成那种可以享受一些休闲的人。"我是否也可以让自己变成休闲的人呢？答案是肯定的，如果可能我宁愿让生活慢下来，细细地品味。

居家隔离，岁月静好，品味悠闲的生活，生活充满家的味道。柴米油盐协奏曲，锅碗瓢盆交响曲，自是一番风味。

居家隔离，一段时期的一段生活，必将是值得回味的一段生活。

高原的雪，草地的牛

当新年的钟声敲响的时候，我依然在文学的长河中梦游，不愿醒来。鲁院的文学之旅起于秋而止于冬，季节的交替，就如我们变幻的人生场景，有时刚刚开始，便已匆忙结束。

开学典礼恍如昨日，记得吉狄马加书记讲到，中国是一个统一的多民族国家，中国文学史是一部囊括了各民族作家用汉语和民族语言创作的优秀作品的鸿篇历史。今天我想说，4个月过去，我们56个民族的作家将化为当代中华民族文学版图上的56颗光点，在青海、新疆，云贵山林、雪地边陲、南海之滨，发出持久的、由弱至强的、独属于我们的光芒，这是鲁院给予我们的文学之光。

4个月的学习，丰富多彩，鲁院独特的、有针对性的教学模式让文学水平参差不齐的我们受益匪浅，北京的文学生态给了大家好多宝贵的学习机会。在这里，我想与各位分享一个学习中的故事。

11月29日，北京初雪。寒冷的日子阻挡不了同学们的热情，鲁院一片欢腾，因为雪。我生活的青海，冬天、春天甚至夏天都会下雪，青海人祖祖辈辈努力从冰天雪地里刨出一处温暖的诗意，而现实中，雪花往往只是苦涩日子里添加的一剂催化剂，使路更难行，夜更漫长。然而，鲁院的雪却给予我不一样的记忆。南方来的许多同学没有见过雪，雪落鲁院于他们而言别有一番风味。关于雪花的夜晚，是鲁院生活的一则寓言。如果说我们都是四处飞来的鸽子，鲁院就是一片宽阔的广场，在这里，我们有机会观察到民族的、审美的、地域的、个体的差异，然而我们毕竟在中华民族的大历史、大文化和新时代的现实中生活，在鲁院，56个民族的作家聚在一起，切磋琢磨，让更多文学的命题浮现出来，我们可能尚未找到答案，但是，我们看到了文学的可能性和可写性。如果满院的秋叶就像56个独特的个体，那么雪落鲁院，则让我们看到了一个洁白的、诗意的世界，体会到因他人的快乐而萌生的温暖。

此刻，阿来老师的话犹在耳边——"文学会把我带向哪里？"我说，文学给了我自尊，给了我力量，使我能有勇气站在众人面前诉说自己，我的小我站在众人面前时有一股力量，促使我相信自己，我是文学大家庭的一员，也是中华民族大家庭的一员。我为爱文学而自豪。卡夫卡曾说，小数族群会被自然认为是小族群的代言人。我们的民族作家，代表着自己的民族，但我们的创作是建立在文学发展与文化融合之路上的，各美其美，美美与共，美人其美，天下大同，我们的写作可以站在人类文明共同体的基础上，这是我对文学的感受，也是对鲁院学习生活的小结。

一方水土养育一方文学，心安定的地方才是故乡。我们将要回家，落雪必将消融。作家刘亮程说，落在一个人一生里的雪，我们不能全部见到。每个人都在自己的生命里孤独地过冬。我们无法给彼此送去柴火或烈日，但我想，你们心里的热、记忆、梦，一定会温暖青海风雪中的我。新年伊始，我们的学习已结束，但我们的文学之路刚刚开始。愿大家的文学之路丰硕无比！

淌过历史的顿河在静静地流淌

——读《静静的顿河》有感

窗外大雪纷飞，田野苍茫，大河冰封。村庄在氤氲迷雾中，大地静寂。在那个寂静的下午，我轻轻翻开桌上苏联著名作家肖洛霍夫的小说《静静的顿河》，立刻被书中细致的描写和曲折的故事情节所吸引，一时沉浸其中不能自拔。思想的河流也在汩汩流淌，案头上的书本似在轻轻诉说，诉说淌过历史的顿河。静静的顿河跨过时空，在哥萨克骑兵的马蹄声中仍在静静地流淌。

"春汛刚刚开始退落。草地上和菜园的篱笆边露出了褐色的淤泥土地，四周围了一圈像花边似的春汛退去后滞留下来的垃圾：干芦苇、树枝、莎草、去年的树叶和波浪冲倒的枯树。顿河两岸浸到水中的树林里的柳树已经鹅黄嫩绿，枝条垂下像穗子似的柳树花絮。白杨树的芽苞含苞欲放，村里家家院外，泛滥的春水环绕着的红柳嫩条低垂到水面上。毛茸茸的、像羽毛未丰的小鸭一样的黄色芽苞浸在春风吹皱的粼粼碧波中。黎明，野鹅、海雁和一群群的鸭子游到菜园边来觅食。破晓时分，黑鸭像铜管乐似的叫声在水塘里响起。晌午的时候，就可以看见，波光粼粼的辽阔的顿河水面上，波浪在追逐闪着白胸脯嬉水的小水鸭。"（第二十二章）这是苏联著名作家米哈依尔·亚历山大维奇·肖洛霍夫在长篇现实主义小说《静静的顿河》中对春天的描写，也是对处于战乱中普通民众渴望和平与温暖的真切叙述。

苏联作家的文学成就是巨大的，那是一个时代的标杆。肖洛霍夫的长篇巨著《静静的顿河》是苏联文坛上一部不朽的巨著，小说构思于1926年，四部分别于1928年、1929年、1933年和1940年出版，前后历时十四年。静静的顿河流淌在苏联广袤的大地上，肖洛霍夫用它那淡淡的南方色彩，描绘了从第一次世界大战到苏联国内战争期间顿河两岸哥萨克人的生活画卷。小说有两条情节线索，一条以麦列霍夫的家庭为中心，反映哥萨克的风土人情、社会习俗；另一条则以布尔什维克小组活动所触发的革命与反革命的较量以及社会各阶层的政治斗争为轴心。两条线索，纵横交叉，层层展开，步步推进，让我们深切了解了风起云涌的哥萨克乡村生活。这部旷世巨著于1931年由鲁迅先生约请贺非先生据德文版翻译了第一、二部，又亲自据日文版校对和撰写后记，并赞赏说："风物既殊，人情复异，写法又明朗简洁，决无旧文人描头画角、宛转抑扬的恶习。"1941年，金人先生由俄文版原著翻译的《静静的顿河》，在上海光明书店出版。新中国成立后，1956年，金人译本经译者修订，由人民文学出版社出版，历经半个多世纪，久盛不衰。《静静的顿河》在国内应当是一部很受读者喜爱的作品，著名作家陈忠实曾经说过，肖洛霍夫的《静静的顿河》是那种死后可以拿来垫头装棺的砖头书。

阅读名著是我给自己定的一个阶段目标，虽然从知识结构的差异来说对原著的理解并不一定准确，但却能从巨人的肩膀上审视一个时代的伟大。米哈依尔·亚历山大维奇·肖洛霍夫，1905年生于顿河军屯州维约申斯克镇。父亲是移居顿河地区的梁赞省人，母亲是有一半哥萨克血统的农妇。肖洛霍夫十五岁即投身顿河地区的革命斗争，参加过国内战争和卫国战争，20世纪20年代初发表反映顿河地区阶级斗争的短篇小说，1924年定居故乡，1926年进行小说构思并创作。肖洛霍夫只上了四年学，可二十三岁就创作出了享誉世界的长篇巨著《静静的顿河》，在20世纪二三十年代的苏联文学中独树一帜，给他带来了广泛的、世界性的声誉。1941年，《静静的顿河》荣获苏联政府首次颁发的斯大林文学奖金一等奖。1965年，肖洛霍夫被瑞典皇家文学院授予当年的诺贝尔文学奖，成为第三个荣膺此殊荣的苏联作家。奖金证书写着："授予米·亚·肖洛霍夫1965年年度诺贝尔文学奖，借以赞赏他在描写俄国人民生活各历史阶段的顿河史诗中所表现的艺术力量和正直的品格。"用作者自己的话说："《静静的顿河》是我最大型的作品，它对于我具有特别的意义，因为我花费了很多时间，尽了我全部能力，来向我国读者和国外读者介绍革命年代顿河哥萨克的悲剧性历史。"正如作者所言，世界各国人民，包括苏联人民在内，通过《静静的顿河》，形象生动地了解到了哥萨克人的传奇历史，身临其境地感受到了顿河大地上革命与战争的风云变幻，深刻体味到了那充满艺术真实的世界带来的人生命运的忧伤、痛苦、欢乐和希望，同时也深刻揭示了在历史的变迁和社会的动荡中个人的命运是卑微的，甚至是悲剧的，但来自社会底层的呐喊才是最真切的。可以说大地上真正让人动容的是来自最底层的咆哮。肖洛霍夫是真诚的，哥萨克经过痛苦走向社会主义应是小说的主题之一，他想通过《静静的顿河》尽情展示哥萨克人如何通过战争、痛苦和流血，走向社会主义。

> 我们光荣的土地不是用犁来翻耕……
> 我们的土地用马蹄来翻耕，
> 光荣的土地上种的是哥萨克的头颅，

静静的顿河到处装点着年轻的寡妇，

我们的父亲，静静的顿河上到处是孤儿，

静静的顿河的滚滚的波涛是爹娘的眼泪。

噢噫，静静的顿河，我们的父亲！

噢噫，静静的顿河，你的流水为什么这样浑？

啊呀，我静静的顿河的流水怎么能不浑！

寒泉从我静静的顿河的河底向外奔流，

银白色的鱼儿把我静静的顿河搅浑。

　　一曲哥萨克民歌仿佛把我们带到顿河边，浓浓的乡愁弥漫在心头。大多数名著读起来就像登山，总觉得有些辛苦。而《静静的顿河》读起来，却像沿着顿河边散步，欣赏着顿河沿岸的风景，了解着顿河两岸的风土人情。仿如你就在顿河边观赏着顿河河畔的幕布，感触着一幕一幕顿河哥萨克人的悲欢离合。

　　由景入情，是这部小说写作的特色之一。开篇第一段作者这样描写顿河岸边的景色，"麦列霍夫家的院子在村子的尽头。牲口圈的两扇小门朝着北面的顿河。在长满青苔的灰绿色白垩巨石之间有一条八沙绳长的坡道，下去就是河岸：遍地是珠母贝壳，河边被水浪冲击的鹅卵石形成了一条灰色的曲岸。再过去，就是微风吹皱的青光粼粼的顿河急流。东面，在用红柳树编成的场院篱笆外面，是黑特曼大道，一丛丛的白艾，马蹄践踏过的、生命力顽强的褐色车前草；岔道口上有一座小教堂；教堂后面，是飘忽的蜃气笼罩着的草原。南面，是白垩的山脊。西面，是一条穿过广场、直通到河边草地去的街道。"村子、牲口圈、篱笆、教堂、草原、顿河一览无余，还有河岸边令人遐想的珠母贝壳，那样的静寂，完全是一幅田园乡村图画。

"灰色黎明的天空上闪烁着稀疏的辰星。风从黑云片下吹来。顿河上,雾气奔腾,在白垩山峰的斜坡上盘旋,像条没有脑袋的灰色巨蛇,爬进了峡谷。左岸的河汊、沙滩、湖沼、苇塘和披着露水的树林——都笼罩在一片凉爽迷人的朝霞里。太阳还在地平线后面懒洋洋地不肯升上来。"顿河的早晨就这样来临,哥萨克人一天的生活也就这样开始,哥萨克如同受苦受难饱经战火蹂躏的中华儿女一样开始了在历史氤氲中苦难的生活。葛利高里和父亲去钓鱼,达丽亚穿着衬衣去挤牛奶,这应该是一家人平静的生活,但生活永远不会如此平静。在主人公葛利高里血雨腥风的生活里这是难得的平静。

主人公的生活是从他对漂亮又历经苦难的邻居哥萨克司捷潘的妻子阿克西妮亚发起疯狂的爱情追求并沉湎其中开始的。悲剧从此拉开序幕。

这是一段激情过后的对话,未来对他们来说迷茫而无助,还要经受道德的审判,以及哥萨克天生的战斗生涯。

"葛利沙,我的心肝……亲爱的……咱们逃走吧。亲爱的!咱们什么都扔掉,逃走吧。我把丈夫和所有的东西统统扔掉,只要有你就行……咱们逃到矿山去,逃得远远的。我要爱你,伺候你……我有个亲叔叔在帕拉莫诺夫矿山当警卫,他会帮助咱们……葛利沙!你倒是说话呀!"

"你真是个糊涂娘儿们,阿克西妮亚,真是个糊涂虫!你说呀,说呀可是尽是废话。哼,我离开家上哪儿去?再说,今年我就要入伍啦。这怎么行……离开土地,我哪里也不去。这儿是草原,喘气都痛快,我不离开村子,我哪儿也不去。"

窗外昏暗下去，一片云彩遮住了月亮。笼罩在草原上黄色的夜雾逐渐黯淡下去，平静的生活从此被打破。葛利高里的性格有两重性，面对选择总是摇摆不定，作为哥萨克战士他有英勇善战、身先士卒、不畏强敌、敢打敢拼的一面，而作为儿子、丈夫、父亲，又有善良、温柔、多情的一面。他的一生在爱情、婚姻、战士、责任之间纠缠不清，他一方面追求爱情与婚姻，一方面又视哥萨克战士的名誉为至高信念，但恰恰在这两个方面，葛利高里的结局都是悲惨的。在个人生活中，他动摇于妻子娜塔莉亚与情人阿克西妮亚之间，两次回到妻子身边，三次投入情人怀抱，使这两个都深爱他的女人为他付出了一切，甚至付出了生命的代价——娜塔莉亚痛恨丈夫的不忠，私自堕胎身亡；阿克西妮亚在与葛利高里逃亡途中，被枪打死。在被哥萨克视为天职的战士生涯中，葛利高里徘徊于白军与红军之间，两次参加红军，三次加入白军，还曾出国作战，最后成了身处绝境的散兵游勇。

葛利高里原是个热情、英俊、勇敢、勤劳的哥萨克青年，第一次世界大战爆发后应征入伍，在沙皇军队里，他看不惯军官的飞扬跋扈，看不惯兵痞的奸淫掳掠。他在作战中第一次砍死奥地利士兵的时候，内心十分痛苦。革命士兵加兰沙向他揭露帝国主义战争的荒谬和专制政体的腐败，更使他对沙皇、祖国和他的哥萨克军人天职的全部概念一下子化为飞灰。然而，从前线回到家乡养伤以后，葛利高里作为鞑靼村"第一个得到十字勋章的人"，受到人们的谄媚和尊敬，那些落后的哥萨克人意识到"渐渐地把加兰沙在他心里种下的真理的种子给毁灭掉了"。于是，他又以"一个出色的哥萨克的身份重新回到前线"。这以后，"葛利高里牢牢地保持着哥萨克的光荣，一得到机会就表现出忘我的精神，疯狂的冒险"，他连连立功受奖，由一个普通士兵晋升为少尉排长。

造成葛利高里悲剧的原因是多方面的。首先是他的哥萨克身份。哥萨克是俄国历史上形成的一个特殊的社会阶层。"哥萨克"一词源于突厥语，意为"自由人"。原指从中亚突厥国家逃到黑海北部从事游牧的人，后来泛指15至17世纪从俄国农奴制压迫下逃亡出来，迁移到边远各地的农奴、仆从和市民。南方顿河两岸的大草原是这些"自由人"聚居的地方之一。从16世纪开始，哥萨克因替沙皇政府镇守边疆，被免除劳役和赋税，并能获得一定的俸禄和土地，同时哥萨克形成了带有相对自治性质的组织，他们是沙皇兵力的主要来源，18世纪开始成为特殊的军人阶层。特殊的历史一方面使哥萨克保留了许多封建思想，另一方面又使他们酷爱自由，粗犷善战。可以说，哥萨克最大的矛盾是：内心向往自由，身份上又是沙皇镇压自由的工具。葛利高里就是在矛盾的哥萨克环境中成长起来的一个青年哥萨克的代表，他有责任感、有良心，有哥萨克特有的群体归属意识，也有自己桀骜不驯的性格。哥萨克自身的矛盾性决定了葛利高里的迷惘：是拥护许诺给受压迫者以自由的布尔什维克，还是选择自家世世代代身为的哥萨克？就这样，葛利高里成了千百万在红军和白军犹豫不决的哥萨克的缩影。正如葛利高里所属的那个白军师的师参谋长考佩洛夫所说："一方面你是一个拥护旧时代的战士，另一方面——请原谅我说话尖刻，又有点像个布尔什维克。"

造成葛利高里悲剧的第二个原因是他不仅仅是个哥萨克，而是一个善良的、有良知的人。与他那些甘心被白军挟裹的亲戚朋友不同，葛利高里除了哥萨克效忠沙皇的原则之外，还有自己的原则——良心，还有自己的独立意志——珍惜人类生命。所以，当他第一次看白军滥杀俘虏时，勃然大怒，几乎杀了凶手"锅圈儿"。

葛利高里在战争中受了重伤,在战时医院里他遇到了在德国前线受伤的机枪手乌克兰人加兰沙,同为受伤的战士,他们的谈话使葛利高里第一次对沙皇、对哥萨克军人的天职产生了动摇。

"小伙子,咱们为啥去打仗?"

"大家为啥,咱们就为啥呗。"

"你把道理摆给俺听,把道理摆明白。"

"哈!你是个傻瓜。俺们来告诉你吧。咱们是在为资产阶级打仗,你明白吗?资产阶级又是啥玩意儿呢?就是那种在大麻里生活的鸟儿。"。

"亲爱的,我讲得够慢啦!你以为是在为沙皇打仗,可是沙皇——又是什么东西呢?沙皇是个酒鬼,皇后是个窑姐儿,老财们的钱越打仗越多,可是咱们脖子上……却套上了绞索。明白吗?你瞧!工厂老板喝白干儿——小兵儿只好抓虱子吃,双方的士兵都在遭殃……可是工厂老板却在发横财儿,工人阶级光屁眼儿,这就是咱们的制度,层层分明……好好干吧,哥萨克,卖命地干吧!你还能捞个十字架,一枚漂亮的,橡木十字架……"

加兰沙如一盏黑夜里的灯盏,挑明了葛利高里还不明白的道理,揭露了发生战争的真正原因。葛利高里想进行反驳,但是加兰沙只用几个非常简单的问题,就问得他无力反驳,他没有反驳的理由,根本也找不到反驳的理由。葛利高里恐怖地意识到,这个聪明、凶狠的乌克兰人,在一点一点地、顽强地摧毁他原先对沙皇、祖国和他的哥萨克军人天职的全部概念。

此后的战役中,葛利高里目睹了双方的残酷行径,虽然为了生存，自己也要不断地杀人，并且获得了白军颁发的四个乔治勋章和四个奖章，升为白军师长。但在他的内心世界，他一直痛恨杀人，特别是无缘无故地滥杀俘虏——无论是对红军还是对白军。随着时间的流逝，他对战争渐生厌倦，几次想放下武器。

连年征战，使他疲惫不堪。真想避开这个沸腾着仇恨的、敌对的和难以理解的世界。过去的一切是一本糊涂账，互相矛盾。想找出一条正确的道路是非常困难的，好像走在沼泽中的小路上，脚底下的土地在摇晃，路也在消失，而且是不是应该走这条路——他也毫无信心。他曾倾心于布尔什维克——跟着走起来，还率领着别人跟着自己走，可是后来却犹豫起来，心灰意冷。但是一想到将要准备春耕用的农具，要用柳条去编牲口槽，等待土地解冻就到草原上去劳作；一想到双手扶着犁柄，跟在犁后走着，感觉到犁的迅速抖动和跳跃的感觉；一想到自己将呼吸到嫩草的芳香和犁翻起的、还带着融雪的潮湿气息的黑土香味，他就感到心里那么温暖。真想去侍弄牲口，垛干草垛，呼吸枯萎的苜蓿和冰草的气味，呼吸新鲜的牲口粪气味。多么渴望和平，安逸啊。

十月革命的时候，政治上幼稚的葛利高里没有积极站在苏维埃政权一边，而是接受了资产阶级自治派的影响，拥护哥萨克脱离俄国而独立，成了一个"在草原上的大风雪里迷了路"的人。不久，葛利高里结识了顿河地区革命军事委员会主席波得捷尔珂夫，经过短短的动摇之后，从前的真理又在他心里占了上风。葛利高里参加红军，担任连长，英勇地同白匪作战。不过，葛利高里不是一个坚定的无产阶级革命战士，只是苏维埃政权短暂的同路人，他对残酷的阶级斗争缺乏正确认识，在看到波得捷尔珂夫枪杀白军俘虏之后，他那曾经向往过布尔什维克的心冷掉了，

"在顿河建立苏维埃政权斗争的最高潮里离开了自己的队伍",幻想"逃避开这整个的、沸腾着仇恨的和难以理解的世界"。

1918年春天,反革命叛乱席卷顿河流域,葛利高里在父亲和哥哥的影响下,加入叛军队伍,从此踏上反革命犯罪道路。在同红军作战过程中,葛利高里双手沾满革命者的鲜血,他"渐渐地也憎恨起布尔什维克来了",他把布尔什维克看成"他的生活上的敌人"。但葛利高里在感情上仍然和白匪军格格不入,在察里津战役失败以后,他又"自动地离开了团队",回到家乡。

红军占领鞑靼村的时候,葛利高里公开咒骂苏维埃政权,"除了使哥萨克破产以外,什么都得不到。这是庄稼佬的政权,庄稼佬才需要它"。苏维埃政权要把他当作"危险的敌人"逮捕法办,葛利高里不得不仓皇潜逃。这时顿河流域又爆发了第二次叛乱,葛利高里"感觉到一种非常强烈的愉快,感觉到无比强大的力量和决心。从现在起,他的道路很清楚了,就像月亮照耀着的一条大道"。他克服以往的徘徊动摇,自觉投身到反革命狂潮中去。特别是他的哥哥彼得罗被红军杀死以后,葛利高里怀着疯狂仇恨和野蛮报复心理,残酷杀害大批红军战士。他由一个叛军连长逐步晋升为师长,在反革命泥潭中越陷越深,以至无力自拔。他酗酒、放荡,内心极端苦闷,几乎到了神经错乱的地步,他的整个精神状态面临着崩溃。

葛利高里虽然是反革命的重要骨干,但在白军军官眼里,他不过是"一只白老鸹""一个粗野的哥萨克",处处受到歧视和排挤,这使他心里很委屈。当白军乘船向克里米亚溃逃的时候,葛利高里像丧家犬一样被抛弃。于是他怀着"把过去的罪过都赎过来"的心情,参加红军骑兵队。他在同白军的作战中同样表现得很英勇,因而立功受奖,晋升为副团长。

　　由于严重的"历史问题"，葛利高里在红军队伍中也得不到信任，到了国内战争后期就被"彻底复员"了。葛利高里回到家乡，他的妹夫、鞑靼村革命军事委员会主席珂赛沃耶明确宣布要追究他的反革命罪行，强令他到革命法庭和肃反委员会登记自首。为了逃避革命政权的惩罚，葛利高里加入了佛明匪帮。然而，国内战争已接近尾声，佛明匪帮的覆灭已为时不远，葛利高里看清了形势，不辞而别，带着情人阿克西妮亚远走他乡。半路上遇到苏维埃征粮队的袭击，阿克西妮亚被打死，葛利高里像幽灵一样在森林村野游荡，最后，他怀着痛苦绝望的心情回到家乡。

　　他渴望和平，渴望自由，但是动荡的社会、迷茫的生活，迫使他一次次重新拿起武器。葛利高里的心灵运动始终建立在内心的矛盾与斗争之中：他厌恶白军的腐朽反动，又对红军的过激行为不能容忍。一个独立、渴望自由与真理的人生活在一个无法找到独立和孤傲的世界里，这便是葛利高里的悲剧之所在。

　　葛利高里的悲剧造成了他家庭的悲剧，也造成了深爱着他的两个女人的悲剧，连年征战，致使顿河地区哥萨克家庭分离，能战的哥萨克都上了前线，或参加红军，或参加白军，可他们往往是在自相残杀。战争改变着麦列霍夫一家人的关系。女儿杜妮亚希卡因父母剥夺了她嫁给珂赛沃耶的希望而痛恨父母；大媳妇达丽亚因守寡而开始和公婆争吵，后来投水自杀；娜塔莉亚意识到丈夫又和阿克西妮亚在一起了，决心流掉正在怀着的孩子，不幸因失血过多而死去；妹夫珂赛沃耶亲手杀了葛利高里的哥哥彼得罗。至此，他相继失去了大哥彼得罗，媳妇娜塔莉亚，嫂子达丽亚，父亲潘苔莱·普罗柯菲耶维奇，母亲伊莉妮奇娜和女儿。

　　深爱着葛利高里的阿克西妮亚，是邻居司捷潘的妻子，但阿克西妮亚却是一个受尽苦难的女子。勇敢、高傲、性感、迷人的阿克西妮亚与葛利高里的爱情，经历了波折和苦难。

阿克西妮亚小时候遭到父亲的强奸，嫁给司捷潘后，丈夫一直看她不顺眼，两人之间没有感情，司捷潘常常粗暴地打她，她是家庭的奴隶，生活得毫无温暖和慰藉。顿河清晨，哥萨克村庄，阿克西妮亚挑着水桶，摇摆着丰腴的腰肢，走在通往河边的小路上。美丽的身姿，成熟的丰韵，诱惑的眼神，挡住了葛利高里青春骚动的视线，让他再也无法安静，再也无法看见别的姑娘。

葛利高里莽莽撞撞，情窦初开，心理远未成熟，在阿克西妮亚眼里还是一个毛头小子。所以，挑逗也好，诱惑也罢，要动真的她还是担心的。在挑起了葛利高里的兴趣之后，阿克西妮亚又不得不打退堂鼓地说："我不是唬人，你应该去和姑娘们闹。"简单的话语透露出复杂的内心世界：阿克西妮亚知道与葛利高里的关系发展下去意味着什么，她毕竟是有夫之妇。但是，阿克西妮亚又不甘心，她不想再过受尽折磨忍气吞声的日子，她渴望欢乐、幸福和爱情，还有情欲。但她又怕葛利高里用笨重的生皮靴子踩在她那开着金黄色花的、成熟了的爱情上，把它烧成了灰烬，糟蹋够了——扬长而去。

当葛利高里又一次与阿克西妮亚纠缠的时候，她便难以控制自己的感情了。事发后，村里的"妇女们一见了她就狡猾地笑着，在背后摇晃脑袋"时，阿克西妮亚仍然能够"骄傲地和高高地扬着幸福的而且一点也不觉得害羞的脑袋"。她考虑好了，决定义无反顾地走向新的生活，去拥抱自己晚熟的爱情。阿克西妮亚是一个敢作敢当的哥萨克女人。在这场被人们看作是罪恶的爱情中，阿克西妮亚是占着主导地位的，是她操控着这场爱情的进程。她遭受了足够的苦难，可在追求爱情和幸福之中，她是胜利者。她以自己美丽女性的天性，知道应该如何去吸引自己所爱的人。

随着葛利高里的成熟，阿克西妮亚的爱越来越显示出强大力量和迷人魅力。终于，阿克西妮亚的爱战胜了一切，成了葛利高里终生的依恋。然而，他们的爱情终究没有结果，在跟随葛利高里两次逃难的过程中，第一次因得了伤寒病，差点死在逃亡的路上，第二次本想跟随葛利高里远走他乡，开始他们的美好生活时，却被苏维埃征粮队打死在了逃亡的路上，他们的爱情还有她美丽的生命就此终结。

葛利高里因为爱上了有夫之妇阿克西妮亚而遭到道德的审判，父亲潘苔莱为此给他指定了一门婚事，他在不情愿的情况下娶了娜塔莉亚。在哥萨克大户科尔舒诺夫家中长大的娜塔莉亚，自小受着哥萨克传统道德的教育，是一个善良质朴、恪守妇道的姑娘。娜塔莉亚明明知道麦列霍夫家境不是太好，葛利高里在村里的名声欠佳，可她却对未来的新郎一见钟情，非他不嫁。娜塔莉亚的坚定，迫使她父亲让步。娜塔莉亚生了两个可爱的孩子，她永远是那么善良质朴，永远是那么纯洁真诚，哥萨克所珍视的传统美德都体现在她身上。

娜塔莉亚是个悲剧色彩很浓的人物，嫁给葛利高里是她一生的错误。无论是在家庭中还是在鞑靼村，人们同情和支持的声音都是站在娜塔莉亚一边的。娜塔莉亚性格内向，为人矜持，她没有依赖外力帮助去夺回爱情和幸福，而是依靠自己的力量去争取。道德是她的后盾，爱情给她力量。她与情敌阿克西妮亚进行过两次交锋，第一次失败了，第二次也没有成功。在爱情上她始终是一个失败者。

娜塔莉亚吃苦耐劳，可性格冷淡，对丈夫的爱意只会顺从，这就使葛利高里依恋起阿克西妮亚那种狂热的爱。葛利高里对娜塔莉亚说："你简直像一个陌生人，你就像这个月亮一样：既不冷又不热。我不爱你。"于是葛利高里和阿克西妮亚的旧情终又复燃。

娜塔莉亚不是真正冷淡的人，关键是她不善于体察理解自己的男人，想爱却又爱不到点子上。哥萨克暴动以后，葛利高里当了叛军师长，虽然卷入了叛乱但与叛军格格不入，内心十分苦闷。有一次在家休假，"葛利高里穿上军衬衣，皱着眉头，耸了耸肩膀"，他打仗已经打腻了，而且也不知道为谁打仗。这时他的情绪是对军装的厌恶。可是，娜塔莉亚却很不合时宜地夸奖丈夫："你戴着肩章好！"她不了解自己爱恋的丈夫的心情，得到的自然是一句冷冰冰的话——"顶好是一辈子也不看到它们。你什么也不懂！"作为妻子的娜塔莉亚不体察自己丈夫此时此刻的心境，不善解人意，这就使她和丈夫拉开了距离。最终看不到希望的娜塔莉亚不愿意再为葛利高里生孩子，私自堕胎失血而死，结束了她近乎屈辱的一生，但她至死还在深爱着她的丈夫。

夜色阴沉，从海湾那边吹过来阵阵寒意袭人的潮湿海风。兵车尾部有一个青年哥萨克在唱歌，像是在黑暗里对什么人哭诉：

　　　　再见吧，城市和乡镇，
　　　　再见吧，亲爱的村庄！
　　　　再见吧，年轻的姑娘，
　　　　噢噫，再见吧，浅蓝色的小花！
　　　　从前呀，从黄昏直到清晨，
　　　　我躺在亲爱的姑娘的手上，

可是现在，从黄昏直到清晨，

我手拿步枪站岗……

　　肖洛霍夫对葛利高里的毁灭表示了无限惋惜和同情，也对导致葛利高里毁灭的红军的错误政策和过激行为进行了揭露和批判。在某种意义上，葛利高里的悲剧既是他个人的悲剧，也是革命的悲剧和历史的悲剧。作者以此深刻反映了苏联战争与民族苦难的历程。

　　细细研读《静静的顿河》，我们不难发现，作者通过对战争的描述，反映了哥萨克战士对战争的诅咒、对革命的怀疑以及对苏维埃政权的质疑。由于因革命引起的战争，原本美丽富饶的顿河平原荒芜了，殷实、富裕、快乐、自由的生活消失了，哥萨克都上前线打仗去了，大部分都死在疆场，故乡剩下的只是孤儿寡母和老人，处处呈现出一片衰败的景象。

　　战争使原本是同根生的哥萨克分成了两大阵营互相厮杀，使原是好朋友和亲友的人们变成了仇敌，六亲不认：珂赛沃耶枪杀了葛利高里的哥哥彼得罗；彼得罗的妻子达丽亚枪杀了亲家公伊凡；而珂赛沃耶虽娶了葛利高里的妹妹为妻，但却不能放过葛利高里。那些杀人的人和被他们杀的人原本都是童时的玩伴，后来又成为亲戚。但是，战争使他们丧失了人性，丧失了亲情，变成了杀人凶手，恰如珂赛沃耶所说"咱们大家都是杀人凶手"，正是这句话包含了俄国国内战争的最大悲剧，道出了战争破坏性的另一面，揭示、谴责了战争和发动这场战争的人们，发出"本是同根生，相煎何太急"的拷问。

　　热爱土地、歌颂劳动、召唤人性、呼唤和平，是作者在该作品中所表达的思想。战争摧毁的不仅是人的肉体，战争使大地荒芜，使家庭离散，使国家衰败，而且它腐蚀人的心灵，异化人性，使人变成"兽"。包括葛利高里在内，能征善战的所有哥萨克战士都在渴望和平，渴望平静的生活，这不仅是普通哥萨克战士的呼喊，也是千千万万劳动群众共同的心声。

《静静的顿河》通篇描写的是葛利高里这样普通的哥萨克战士和他们家人的生活，顿河两岸的大草原是他们生活的家园，也是他们生活的舞台，更是这场战争的主战场。肖洛霍夫笔下的哥萨克农民，尽管没有受过太多的教育，但同样有着丰富的内心世界，有感受爱情、友谊、欢乐和痛苦的巨大力量，有着表达自己喜怒哀乐的方式。但因其思想的单纯性，比起那些有很高文化素养的人来说，哥萨克农民的心理有着更大的直观性。因此，肖洛霍夫在描写人物心理时，常通过人物的音容笑貌、眼睛神态来展示人物的内心世界。

从阿克西妮亚的眼睛变化中，读者可以感受到小说中人物丰富的感情世界。当葛利高里向她表明爱情后，阿克西妮亚大胆地投入了葛利高里的怀抱，不顾一切疯狂地爱着他。但当丈夫司捷潘回来后，慑于丈夫的威力，她"踮着脚尖走路说话，但是眼睛里还燃烧着被恐怖的灰烬遮盖着的星星火光，那是被葛利高里烧起的大火所残留下来的火光"。

但当得知葛利高里要定亲时，她那双眼睛里仅残留着的恐怖的星星火光也彻底地熄灭了，每天夜里，她在黑暗里眨着干枯的眼睛，想出一堆主意，决心把葛利高里从既没经历过痛苦又没经历过爱情所带来的欢乐幸福的娜塔莉亚手里夺回来；葛利高里结婚后，他们二人相遇时，这时葛利高里看见阿克西妮亚"眼睛里燃烧着撒娇而又失望的火焰"。

而当阿克西妮亚得知葛利高里要带她私奔，他们将永远不分开时，"她的眼睛里闪耀着青春的亮光"。在久别之后重新回到葛利高里身边时，阿克西妮亚的"苍白的脸上，两只睁得大大的恶狠狠的眼睛，非常热烈地闪耀着"，"用自己那两只永远迷人的眼睛牢牢地盯住了他"。但同时葛利高里又看到"她的眼神里流露出一种可怜的，同时又是垂死挣扎的残忍的神情，就像一只被追捕的野兽似的"。阿克西妮亚眼神的变化，正是她内心情感的反应，既表现出阿克西妮亚和情人久别重逢的激动幸福，又夹杂着由于长期的分离所忍受痛苦和委屈的复杂感情。

而在第四部的后半部，当葛利高里决定带着她远远地离开顿河，到南方或是更远的地方去时，我们看到阿克西妮亚的眼睛里"闪着幸福的光亮"，"闪着喜悦的光芒"，阿克西妮亚对葛利高里终生不渝的爱，对爱情真诚而执着的追求，都从她的眼睛里真实地表现出来了。

通过运用人物的语言来表达人物的心理，也是《静静的顿河》最主要的手法，如第一卷第十章，阿克西妮亚的丈夫司捷潘去服兵役，葛利高里和阿克西妮亚偷情，被葛利高里的父亲潘苔莱听说了，去阿克西妮亚家指责她。

潘苔莱·普罗珂菲耶维奇直盯着阿克西妮亚的眼睛，喊道："你这是干什么？……啊？你汉子的脚印上还有热气呢，你已经往旁边翘尾巴啦！我要为了这件事把葛利高里揍得鲜血直流，还要给你的司捷潘写信……叫他知道知道！……你这个骚娘儿们，把你打得还是太轻啦！……从今天起不许你进我的院子！跟小伙子勾勾搭搭，等司捷潘回来，叫我怎么……"

阿克西妮亚眯缝起眼睛听着。她突然毫不害羞地扭摆了一下裙子，把一股女人衣裙的气味散到潘苔莱·普罗珂菲耶维奇的身上，然后扭着身子，龇着牙，挺起胸脯朝他走去。

"你是我的什么人，公公吗？啊？是公公吗？……你有什么资格来教训我？去教训自己的大屁股娘儿们吧！到你自家的院子里去发威风吧！……你这个四肢不全的瘸鬼我看都不愿看你一眼！……打这儿滚出去，你吓唬不住我！"

"等着吧，混蛋娘儿们！"

"没有什么可等的，我不会给你生孩子的！……滚，打哪儿来的还滚到哪儿去！至于你的葛利高里——只要我高兴，就把他连骨头都吃了，而且什么责任我也不负！……哪！你咬吧！怎么样，我爱葛利高里。你要打我吗？……给我男人写信吗？……你就是给皇上封的阿塔曼写信，葛利高里也是我的！我的！我的！现在他是我的，将来也是我的！

阿克西妮亚挺起胸脯（鼓起的乳房在她那紧裹在身上的短上衣里抖动着，就像是在网里乱冲的野鸡），向已经撒了气的潘苔莱·普罗珂菲耶维奇身边凑过去，火焰般的两只黑眼睛紧盯着他，说出来的话一句比一句更难听，一句比一句更不要脸。潘苔莱·普罗珂菲耶维奇眉毛颤抖着，向门口退去，摸到放在墙角的拐杖，一只手招架着，用屁股顶开了房门。阿克西妮亚把他从门廊里挤出去，大喘着气，发疯似的喊道："为了我过去受的那些罪，我要爱个够……哪怕将来你们把我打死也罢！葛利高里是我的！我的！"

直白的语言道白，把两人对话以及心理活动表达得清清楚楚，也把阿克西妮亚的性格特征表述得一览无余。敢爱敢恨，为爱情放弃一切是这个女人最突出的性格特征。

《静静的顿河》的故事叙述，从头到尾引用了许多哥萨克民歌民谣，以很大篇幅描述了不断变幻的大自然风光，这些民歌民谣和自然风光的描写，不仅是作者反映人物情思和镂刻人物心理的一种艺术手段，更是作者对当时社会、对人民命运的深切同情和对残酷战争的由衷反思。例如，战争初期，哥萨克离家不久的那段时间，每天黄昏的时候，在六月的乳白色的暗光中，田地里的火堆旁边就唱起来：

> 哥萨克骑着铁青骏马
> 往辽远的异乡出发
> 永远离开了故乡……
> 再也不能回自己的老家
> 他那年轻的妻房
> 我的亲爱的妈妈，要知道
> 并不是所有的人都会死在战场上

彼得罗·麦列霍夫和阿司塔霍夫·司捷潘是同一批征召的哥萨克骑兵，他们同时出发去营地集合服兵役，和他们一起的还有三个同村的哥萨克，司捷潘全身挺直站在车上，一只手扶着车篷的帆布顶，另一只手轻轻地挥动着，用短促、动人的快板唱道：

> 别挨在我身边坐，
> 别挨在我身边坐，
> 人家会说你爱我，
> 你要是爱我，
> 就常常来看我，
> 你要是爱我，

就常常来看我，

我家可不是普通人家……

几十个大粗嗓子接上去合唱起来，啸叫着，歌声在大道的尘土上飞扬：

我家可不是普通人家，

不是普通人家，——

是盗窃世家，

是盗窃世家——

不是普通人家，

我爱的是公爵的儿郎呀……

"费多特·博多夫斯科夫吹着口哨；两匹马曲着前腿，挽车狂奔；彼得罗从车篷里探出身子，笑着，挥舞着制帽；司捷潘脸上闪耀着炫目的讪笑，调皮地耸着肩膀；大道上烟尘滚滚；赫里斯托尼亚只穿了一件没系腰带的长上衣，头发乱蓬蓬的，浑身大汗淋淋，两腿蹲着，像只小飞轮似的旋转、跳舞，他双眉紧皱，哼哼着，装出哥萨克女人的样子，在松软、灰色的尘土上留下了许多奇异的大光脚印子"，这段描写借助哥萨克民歌，把哥萨克视军人为天职，视战士的荣誉至高无上表达了出来，通过歌声我们深刻地感受到了哥萨克战士们对战前生活的怀念，对故乡、对亲人的思恋，以及对战争的厌恶、疲倦、恐惧和对美好和平生活的向往之情。

又如，葛利高里在阿克西妮亚死去的时候，看见自己头顶上是一片黑色的天空和一轮黑色的太阳。葛利高里的忠实情侣，高傲的阿克西妮亚，有火一样耀眼的容貌和火一样炽热的性格。阿克西妮亚对葛利高里的爱情也如火一样狂热，她在葛利高里心中此刻已经成了整个世界。"黑色的天空和一轮耀眼的黑色太阳"表现了葛利高里痛苦绝望的心态，表现了艺术至悲至美的极境。

再譬如，葛利高里从骑兵队伍复员的时候，坐着牛车走过秋天的草原，此刻他的心情反映在他看到的草原景物之中。他本想在红军队伍里干到把自己的罪赎回来为止，然而由于过去的问题，红军队伍不信任他，他只好坐车回家。他心中没一丝一毫的欢快，眼里的草原是一片像死一样的沉静，好像被施了妖法。四周什么声音也听不见，没有鸟儿飞翔，使人伤感的高度寂静笼罩着万物，"好像这条道路是没有尽头的，这条道路蜿蜒曲折地下到山谷里去，又伸到高岗的顶上来，极目一望，四周到处是这样沉默的、大片的草原"。

在写战争之余，文中也有大量的生活细节描写。例如，第一卷第二章就是钓鱼的场景：

葛利高里在焦急地嚼着湿透了的烟头。不很耀眼的太阳已经升到半棵橡树高了。潘苔莱·普罗珂菲耶维奇撒完了所有的鱼食，丧气地噘起嘴，呆呆地望着那一动不动的钓竿头。

葛利高里啐出烟头，恨恨地望着它迅速地飞去。他心里在咒骂父亲，老早就把他叫醒，不让他睡够。因为空肚子抽烟，嘴里有一股烧焦头发的恶臭。他正要弯下身子，用手去捧口水喝，——这时候，离水面有半俄尺的钓竿头轻轻地抖了一下，慢慢向下弯去。

"咬钩啦！"老头子舒了口气说。

葛利高里抖擞精神，拉了一下钓竿，但是竿梢立即弯进水去。钓竿从手攥着的地方弯成了弓形。一股巨大的力量，像绞车似的把绷得紧紧的红柳木钓竿向下拉去。

"攥住。"老头子哼哼着，把船从岸边撑开。

葛利高里竭力想把钓竿举起，但是办不到。很粗的钓线咋的一声断了。葛利高里因为失去了平衡，身子摇晃了一下。

"简直像条公牛！"潘苔莱·普罗珂菲耶维奇悄悄地说道，怎么也不能把鱼饵安到鱼钩上。

葛利高里激动地笑着，拴上新钓线，又抛了出去。

钓线上的铅锤刚沉到河底——竿梢就弯了下去。

"你看，这坏蛋！……"葛利高里哼了一声，费了很大的劲儿才把那条向激流冲闯的鱼从水底拉出来。

钓线刺耳地响着，划破水面，沿着钓线，垂下一道浅绿色的水帘。潘苔莱·普罗珂菲耶维奇用短粗的手指头在倒动着捞网的木柄。

"先在水里把它遛乏啦！顶住劲，不然钓线又要被它挣断啦！"

"放心吧！一条金红色的大鲤鱼浮到了水面上来；搅起了一片白沫，它把扁平的大脑袋往下一扎，又向深处游去。

"好大的劲儿，手都麻啦……好啊，你等着瞧吧！"

"顶住，葛利高里！"顶着哪——啊——啊！"

"当心，别让它钻到船底下去！……当心！"当葛利高里喘着气把斜着身子把鲤鱼拉到船边来。老头子拿着捞网正要弯下身子去捞，但是鲤鱼鼓起最后的劲儿，又扎进水底去了。

"把它的脑袋提起来！叫它喝点风，就会老实点儿啦。"

葛利高里拉起了鲤鱼脑袋，又把这条折腾得疲惫不堪的鲤鱼拖到船边来。鲤鱼大张着嘴吸气，鼻子顶到粗糙的船舷上，煽动着金光闪闪的橙黄色的鳍，不动弹了。

"折腾够啦！"潘苔莱·普罗珂菲耶维奇用捞网捞着鱼，呷呷地说道。

他们又待了半个钟头，钓鲤鱼的战斗才结束了。

这些描写可以独立成为一篇很好的美文，整部书里，这样的描写、对话比比皆是，就像一粒粒珍珠，被小说的主线穿成一条美丽绝伦的完美项链。

一部《静静的顿河》描述哥萨克民众的战争史，更是苏联时期的革命史，展示的是主人公葛利高里一个人的悲剧，却说明了历史变革时期人类的悲剧。

葛利高里的悲剧，在爱情上，喜欢自由的阿克西妮亚，又屈从于父亲娶了自己不喜欢的保守的娜塔莉亚。和阿克西妮亚私奔，被阿克西妮亚背叛，又回到娜塔莉亚身边，后来又忍不住和阿克西妮亚私通。感情上，在两个女人之间摇摆不定。最后，两个女人都死了，离开了他。他的政治倾向也是如此摇摆不定，先是参加红军，后投靠白军，后来又投降红军，最后又暴动成为流寇。无论红军和白军都无法让他安心，他想要自己的自由，一直都在打仗，伤痕累累，自己的自由越来越没有希望。最后他累了，想安定下来做一只"羊"，可是征服者怕他是一只披着羊皮的"狼"，一定要消灭他，他想做"羊"也不成了。最终只能做一只失魂落魄的丧家"狼"。

葛利高里的悲剧不是孤立的。

可以说，人类社会在进入现代文明前就是一部斗争史，一个民族对另一个民族的侵略，一个国家对另一个国家的侵略，一个文明对另一个文明的侵略，无不是人类历史的悲剧。而只有自由与和平才是人们最终的渴望。再看看当今世界，那些战乱之地，受苦受难的是普通的老百姓，人民是多么渴望和平，比渴望自由更加迫切。但愿在这个和平的年代，葛利高里式的悲剧不要再重演。

名著的魅力就在于跨越时空和地域仍然闪烁着迷人的光芒，历经岁月磨洗依旧熠熠生辉，静读肖洛霍夫的《静静的顿河》我们仿佛又来到20世纪顿河边的大草原上，而淌过历史的顿河还在静静地流淌，留下一路历史的回声。

后 记

传媒技术高度发达的今天，信息渠道多种多样，网络上海量的信息充塞着人们的大脑，微信的普及与自媒体的兴起冲击着传统的纸质媒体，报纸与杂志被人们置之案头，读书成为一件十分奢侈的事，图书的出版与发行不再是人们唯一的选择，作品通过网络发表更便捷、更通畅，在这样的背景下选择出版自己的作品似乎与时代格格不入。其实不然，网络媒体自有其迅捷的特点，但对于一部真正的文学作品来说，网络只是一种手段，文学的质地还需要出版物来支撑。

对于出书，我一直持慎之又慎的态度，虽然一直渴望自己的作品能问世，但始终没有一部像样的作品胶印出版。一方面是因为自己的作品还不够成熟，没有形成自己的风格；二是自己还没有做好准备。

2019年对于我来说是幸运之年。我有幸被省作协推荐参加鲁迅文学院第37届高研班培训学习，为期4个月的学习让我受益匪浅，也让我认识了好多在文学之路上坚持不懈的辛勤耕耘者，他们的事迹、他们的勤奋、他们的努力，不断激励着我，让我懂得文学之路何其神圣。我忽然觉得我是一名文学路上的跋涉者，没有放弃，坚守着文学的精神高地，我应该有自己的阵地、自己的成果。于是，我对近年来的散文创作进行了归类整理，发现部分作品还能慰藉自己，不会讨读者嫌，结集出版是对自己最好的鞭策。让我没有想到的是，县文联计划于2020年为县域内本土作家出版作品，支持作家出版自己的作品。我有幸成为文联支持计划的一员，幸福在那一刻降临，让我一时激动难挨，我顿时明白，我的文学之路是正确的，是文学成就了我。

邂逅文学，缘于刚参加工作时的一个山村小学校，学校位于东山乡东山村，得名"东山小学"，写起地址来颇有趣，仿佛是叠词连缀。1991年中师毕业后，我到东山小学任教，小学校规模不大，120多名学生，5位老师，5个年级。这是我事业的第一步，也是走向社会的第一步。年少无知的我对未来一片迷惘，常拿起笔涂鸦，写些不知所以然的句子，然后自我陶醉。恰逢省政府千名干部下乡驻基层活动，省文联干部戴言公驻东山村开展工作。言公在工作之余常到学校，帮助乡村发展教育也是他工作的一部分，一来二去，我们就熟悉了；言公在工作之余坚持创作，他每天给自己定的创作任务是不少于5000字，这些我在《东山记忆》中已进行了详细描写。可以说，我的文学梦是言公启迪的。我至今仍清晰记得我和言公晚上在学校宿舍里，抱着火炉，端着酒杯话文学的情境。那晚，言公说，这样的夜晚是我们今生的第一次，也是最后一次，不会有第二次。我当时不知就理，只要有时间，我们二人把酒言欢的夜晚有的是，但诚如言公所言，那样美好的夜晚在我们的生活中没有出现第二次。但这一次就已足够，已点燃了我心底的文学情怀。自此，我在文学的道路上追逐了三十年。

东山是我的故乡，我生于斯，长于斯，从出生到上学，师范毕业又回东山从教，直到2008年调离，三十多年的青春岁月回荡在这里；我记述的文字也没有离开这里，应该说我有乡村情结，我文字的着力点也在乡村，家乡的山山水水是我描摹的重点，也是我一生走不出的牵绊。童年的快乐、少年的青葱、青年的徘徊，都在我的文字中有所显现；抹不去的乡愁、离不开的家乡、写不完的情思，浓墨重彩地在一篇篇文字中尽情释放。细细想来，何以回报故土，我手中只有文字，唯有文字才是最坚实的依靠，我需要用文字回报生我养我的土地。

置身这个时代，不可否认乡村正在肢解，乡村原有的生活方式，曾经的田野牧歌正在被信息化替代，高速发展的乡村经济打破了原有的生活秩序，伦理道德、乡风民俗被重新建构；简单淳朴的乡野生活一去不返，世界已是纷繁复杂，我梦境中的童年生活再也回不去，我所熟知的乡村已变得陌生。如果还要用以往的经验去叙写，已无法写出乡村真正的生活，我的文字已不足以表达信息化背景下自成体系的乡村，我与故乡渐行渐远。若干年后，我将不再是乡村的一员，但留在心头的乡愁将会是拴系我和故乡的最后一根稻草。我无法表达处在巨变中的乡村，也无法预知乡村的未来；我也在怀疑自己在远离乡村、远离生活的状态下还能不能以文字的方式呈现乡村的重大变革。生活是创作的源泉，如果我不能在生活中找到灵感，那么带来的后果将会是灾难性的，也是不可原谅的。一个作家如果离开了生活，作品自然会被生活所遗弃。

乡村，永远是我文学创作的源头。唯有让自己在生活的洪流中随波逐浪，去感知、去理解、去冲刷，灵性的思维才不会僵化，灵感的火花才不会枯竭。

建立在乡村叙事基础上的散文是我创作的基础，也是我文字着笔最多的地方。集子中选录的好多文字多已发表。从评论的角度来审视，这些作品或多或少都存在文字不干净、叙述不通畅的问题，有些语句还显稚嫩，表现力不够，情感表达不够丰富，我在选录时曾做了部分修改，但不能修改全部，因为这些文字是我过去生活最好的阐述，我不能丢弃，更不可忘记，权且就这样留着，好让我回忆曾经的岁月。

这本集子的出版，对我来说最大的意义在于，我终于是文学百花园中的一员了，这对于提振我的信心十分必要，促使我在文学道路上不断耕耘，三十年来，我还能坚守，就是因为这份文学情怀，因为这份源于心底的自信。我曾短暂担任过《彩虹》文学季刊的编辑，近两年的编辑生涯我虽无建树，但收获了很多成长的帮助，我在编辑的过程中找到了文字的灵性。在以后的创作当中，我总会以作为编辑梳理他人作品时的心态审视自己的文字，会发现自己创作过程中存在的残缺，每篇文字我总会一再修改，再三润色，力争达到最满意的结果；结果我发现自己后来出的作品好像少了，每天写每天发，已不是我所追求的目标，我需要我的文字有生命力，能够感染读者，感动自己。

感谢县文联田成义主席和李卓玛主席，让《东山有雨》这部集子得以出版，文联两位主席对我的厚爱实际上是对我的勉励，旨在让我再接再厉，我愿意在自己的创作和本职工作中加倍努力以回报这份信任和期望。我的老前辈，《彩虹》文学季刊的创始人之一王海燕先生，在百忙之中为本书题写序，并进行点评，十分感谢他细心的阅读与指导，他题写的序给了我力量，虽然我的文字没能达到他评论的高度，但我有信心在今后的创作中加以改进。在集子编辑出版过程中，县文联、县作协的领导同事都给予了帮助，感谢你们，你们的支持是我前进的动力，我将不遗余力地继续在文学道路上前进。

感谢在我创作中赐教于我的师长和朋友，感谢为本书出版付出辛勤劳动的所有朋友们。

感谢亲爱的读者。

这将会是一个新的开始。

集子出版后，诚愿干旱少雨的东山普降甘霖，我深爱着的东山是我的故乡，我不愿再看到干旱困扰着我的故乡。

那朝庆

2020年6月11日